GAIGNIÈRES

SES CORRESPONDANTS

ET

LES COLLECTIONS DE PORTRAITS

PAR

CHARLES DE GRANDMAISON

ARCHIVISTE D'INDRE-ET-LOIRE
MEMBRE NON RÉSIDANT DU COMITÉ DES TRAVAUX HISTORIQUES.

NIORT
A. CLOUZOT, ÉDITEUR
22, RUE DES HALLES, 22
1892

GAIGNIÈRES

SES CORRESPONDANTS

ET

SES COLLECTIONS DE PORTRAITS

Extrait de la *Bibliothèque de l'École des chartes*,
années 1890, 1891 et 1892.

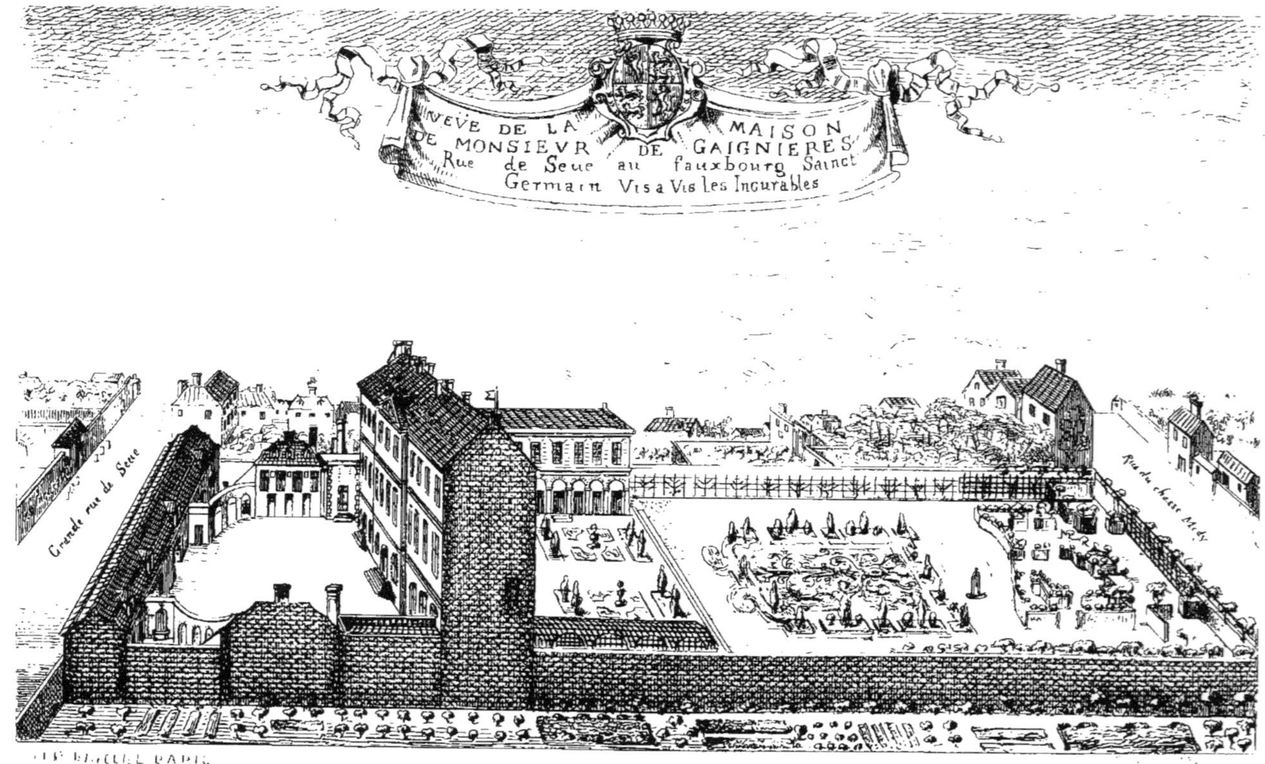
VEVE DE LA MAISON
DE MONSIEVR DE GAIGNIERES
Rue de Seue au fauxbourg Sainct
Germain Vis a Vis les Incurables
Grande rue de Seue
Rue du chasse Midy

GAIGNIÈRES

SES CORRESPONDANTS

ET

SES COLLECTIONS DE PORTRAITS

PAR

CHARLES DE GRANDMAISON

ARCHIVISTE D'INDRE-ET-LOIRE

MEMBRE NON RÉSIDANT DU COMITÉ DES TRAVAUX HISTORIQUES.

NIORT

A. CLOUZOT, ÉDITEUR

22, RUE DES HALLES, 22

1892

GAIGNIÈRES

SES CORRESPONDANTS

ET

SES COLLECTIONS DE PORTRAITS

Jamais l'époque de Louis XIV n'a été plus étudiée ni mieux connue que dans le demi-siècle qui vient de s'écouler. Le calme et l'impartialité ont succédé aux querelles littéraires d'il y a cinquante ans, et tous les bons esprits se sont réunis dans une commune admiration pour cette grande époque, qui restera la plus durable gloire de la France, et qui a fait, pendant plus d'un siècle, les délices de l'Europe civilisée. On a pénétré plus intimement dans la vie, les mœurs et les idées de ce temps déjà si loin de nous, surtout si différent du nôtre, et par cela même plus attrayant pour certains esprits, qui, sans être chagrins, se permettent de ne pas admirer aveuglément tout ce qui les entoure. Nous avons vu paraître des éditions, des biographies, des études diverses dans lesquelles une érudition pleine de goût a fait revivre avec vérité tout ce monde évanoui. Les grands hommes du XVIIe siècle ont été mieux compris et mieux appréciés; d'autres, moins importants, déjà presque oubliés, ont été remis au jour dans d'ingénieuses et savantes restitutions. Il semble que les hommages et la reconnaissance de la postérité se soient étendus à tout ce qui en était digne; et cependant, chaque fois que l'on compulse les innombrables documents de notre Bibliothèque nationale concernant cette époque féconde, ne trouve-t-on pas toujours quelque sujet ou quelque personnalité méritant une étude nouvelle? Cette pensée nous frappait, il y a bien des années, en classant la volumineuse correspondance d'un homme dont le nom n'était alors guère connu que des érudits de profession. Cet homme n'a pas été inutile à son temps et à son pays. Il a passé sa vie entière à recueillir les monuments écrits ou figurés épars sur le sol de la France ; l'un des premiers (Peiresc l'avait précédé dans cette voie), il a substitué à l'amour exclusif des antiquités grecques et romaines l'étude passionnée des antiquités nationales; il peut à bon droit être considéré comme le fondateur de l'archéologie française. Il a préparé pour ceux qui sont venus après lui des matériaux qu'ils auraient été impuissants à réunir, et il nous a conservé les dessins et les figures d'une grande quantité de monuments dont on chercherait en vain les traces sur notre sol bouleversé par tant de révolutions.

Ce chercheur, cet initiateur est François-Roger de Gaignières. MM. Léopold Delisle[1] et Georges Duplessis[2] ont publié sur lui d'intéressants travaux ; mais tous deux ont cherché surtout à faire connaître les précieuses collections de manuscrits et de monuments figurés léguées par Gaignières à la Bibliothèque du roi, dont elles forment l'une des plus précieuses richesses.

Tout en mettant à profit les travaux de nos savants devanciers, nous nous proposons un autre but. Nous voudrions, grâce à l'immense correspondance de Gaignières, faire connaître, à côté du collectionneur, l'*honnête homme*, comme on disait au XVIIe siècle, indiquer ses relations, ses illustres amitiés, et montrer sur quel pied distingué était parvenu à se placer dans le grand monde ce petit-fils d'un simple marchand bourgeois de Lyon. L'heureuse rencontre que nous avons faite du catalogue, jusqu'ici inconnu, des nombreux portraits recueillis par Gaignières, nous permettra d'insister plus que nos savants devanciers sur cette partie importante de ses collections, même de lui restituer plusieurs peintures curieuses conservées au Louvre, à Versailles et chez divers particuliers, et qui proviennent de son cabinet, bien qu'on leur attribue une autre origine.

La place que Gaignières a su se faire dans la haute société de son temps prouve, une fois de plus, que ce monde, qu'on se représente généralement comme si trié et si fermé, ne dédaignait pas de s'ouvrir au mérite, au savoir, à la politesse, même lorsqu'ils

1. *Le Cabinet des manuscrits de la Bibliothèque impériale.* Paris, 1868, t. I, p. 335 à 356.

2. *Gaignières,* dans le numéro de la *Gazette des beaux-arts* de mai 1870; il y a un tirage à part.

n'étaient point soutenus par les dignités ou la fortune, et qu'ils n'avaient pas d'aïeux pour se faire valoir. Son grand-père, appelé Michel, était marchand à Lyon ; son père, Edme ou Aimé, abandonnant la carrière du commerce, devint secrétaire du duc de Bellegarde, gouverneur de Bourgogne. Grâce sans doute à la protection du duc, il se maria dans le bourg d'Entrains (Nivernais), le 23 février 1642, avec Jaqueline de Blanchefort, d'une famille noble et distinguée de la province. L'extrait suivant de leur contrat de mariage, en date du 23 février 1642, nous apprend que Jacquette de Blanchefort était orpheline et nous fait connaître le montant de sa dot qui, même pour le temps, est au moins médiocre :

Contrat de mariage d'Aymé de Gaignieres, écuyer, du pays de Lyonnois, demeurant dans la ville d'Entrain, accordé, de l'avis de Monseigneur Messire Roger de Bellegarde, pair de France, le dimanche 23 février 1642, avec demoiselle Jaquette de Blanchefort, fille de deffunts Messire Adrien de Blanchefort, vivant chevalier, seigneur et baron d'Asnois, Saligny, Bidon et Saint-Germain, et de De Henriette de Salazar, assistée de Messire François de Blanchefort, son frère, chevalier, seigneur baron d'Asnois, Saligny, Bidon, Saint-Germain, la Chapelle-sur-Oreuse, etc. Ladite future épouse se constitue en dot la somme de 6,000 livres, qu'elle avoit reçue dudit seigneur de Blanchefort, son frère, suivant la transaction passée ledit jour devant le notaire cy après nommé.

Ce contrat passé en l'hôtel de Georges de Belengier, écuyer, seigneur de Villette, présens : Messire Roger de Blanchefort, seigneur baron d'Asnois, neveu de la future épouse, Louis de Mallac, écuyer, sr de Palaye, Lazare de Bligny, écuyer, cousin de ladite demoiselle, etc., etc.

Devant Estienne Ragon, notaire royal à Clamecy, et de luy signé[1].

De l'union d'Aymé de Gaignières et de Jacquette de Blanchefort naquit notre François-Roger, le 30 décembre 1642. Cette date a été définitivement fixée par la découverte de l'acte de baptême, due à notre confrère M. de Flamare, archiviste de la Nièvre, et dont voici le texte :

Le trentiesme jour de mars mil six cent quarante-trois, j'ay, Sul-

1. Bibl. nat., Cabinet des titres, pièces originales, t. 1263, doss. 28355, pièce 2.

pice Bourgoing, curé de Nostre-Dame d'Entrain, soubsigné, certiffié que Françoys-Roger de Gannière, fils légitime de noble homme Edme de Gannière, escuier et secrétaire de Monseigneur le duc de Bellegarde, et de damoiselle Jacqueline de Blanchefort, ses père et mère, est né et venu au monde le trentiesme du moys de décembre dernier, et par moy undoyé le mesme jour sur le soir, et de plus que le reste des cérémonies de l'église, touchant le baptesme dudit Françoys-Roger de Gannière, furent faictes en laditte église cedit jour, trentiesme de mars. Et furent ses parain et maraine, hault et puissant Seigneur, Messire Roger, duc de Bellegarde, paire (*sic*) de France, etc., et dame Estiennette Olivier, femme de Messire Françoys de Blanchefort, sieur et baron d'Asnois, lesquelz ont signé de ce requis.

Roger DE BELLEGARDE, Et. OLIVIER,
S. BOURGOING[1].

C'est donc du duc de Bellegarde que Gaignières tenait son prénom de Roger.

Ce noble protecteur, qui avait été grand écuyer de France et avait brillé à la cour des rois Henri III, Henri IV et Louis XIII, mourut sans postérité en 1646. Le père de Gaignières passa alors au service d'un autre grand personnage, que nous croyons être Henri de Lorraine, comte d'Harcourt, successeur, en 1643, dans la charge de grand écuyer, du malheureux Cinq-Mars, qui avait lui-même remplacé le duc de Bellegarde.

Nous trouvons du moins deux lettres adressées à Aimé de Gaignières, en 1659 et 1661, à l'hôtel de Mayenne, près la place Royale; or c'était là que résidait le comte d'Harcourt avec sa famille, d'après Lemaire, dans *Paris ancien et moderne*, et Piganiol de la Force, *Description de Paris*.

Roger de Gaignières nous a conservé quelques lettres de son père, dont l'une, adressée à Madame de Blanchefort et datée du 28 août 1648, contient un intéressant récit de la fameuse journée des Barricades. Elle n'ajoute, il est vrai, rien d'important à ce que nous apprennent les mémoires du temps sur la Fronde; mais, comme elle est peut-être le seul témoignage vraiment contemporain de l'événement, tous les autres ayant été plus ou moins arrangés après coup avec des préoccupations de parti, et que nous la croyons inédite, nous la reproduisons en entier. Aussi bien elle permettra d'apprécier la façon de raconter d'Aimé de Gaignières.

1. *Bibliothèque de l'École des chartes*, t. XLVII, p. 341.

Madame,

Je crois que, sy vous aprenés par d'autres que par nous la nouvelle que je vous vais mander, vous serés en une peyne bien grande, mais quand vous scaurés la vérité par moy, je ne doubte point que cela ne vous mette hors d'apréhension.

Je vous diray que mercredy dernier, 26me de ce mois, on chanta à Notre-Dame le *Te Deum* de la victoyre obtenue par Monseigneur le Prince contre l'archiduc Léopold, et que ce mesme jour, entre une et deux heures après midy, on enleva un conseiller de la court du parlement nommé Monsieur de Bruxelles[1] et M^{r} le Président de Blameny[2]. Le premier fut mené au Palais-Royal, et de là envoyé au Havre-de-Grâce, le dernier au boys de Vincennes. Le peuple scachant cela, et que ledit Sr de Bruxelles avoit tousjours insisté pour son soulagement, sur les quatre heures après midy, commença à prendre les armes autour du palays, en la rue Saint-Denis, en la rue Saint-Martin, en la rue Saint-Honnoré. On voulut envoyer quelques compagnies des gardes et des Suisses qui vinrent sur le pont, le gardèrent quelque temps, et puis les Suisses vinrent faire quelque descharge sur le bourgeois auprès de l'hostel de Nevers, mais il y eut un capitayne suisse de tué, de sorte qu'ilz furent repoussés. Le soir lesdits Suisses et François quittèrent le Pont-Neuf et se retirèrent autour du Palays-Royal. La nuit les bourgeois s'eschauffèrent, se saisirent dudit Pont-Neuf, y ont fait des barricades, et en la rue Saint-Honnoré jusques à la Croix-du-Tiroir, de cinquante en cinquante pas. Le lendemain matin, qui estoit le jeudi 27e de ce moys, (M^{r} le chancelier) [3] s'en alloit au palays, où l'on disoit que le parlement s'assembloit, mais il ne sceut passer sur le quay des Orfaivres; il voulut aller passer avec son exempt et ses deux hocquetons sur le quay des Augustins, où il fut pressé de sorte qu'il fut contraint de mettre pied à terre et de se sauver au logis de Monsieur le duc de Luynes, qui est sur ledit quay des Augustins, assés proche du pont Saint-Michel, au bout de la rue Gistle-Cœur. Là-dessus, le bourgeois le fut investyr, sans en arme pourtant, mais ils estoient bien cinq cens en nombre, de sorte que l'on fut contraint, pour le desgager, d'y envoyer deux compagnies des gardes qui l'enlevèrent de vray au Palais-Royal; mais pourtant son exempt, nommé Picot, y fut tué devant lui, d'un coup d'espée, un des archers

1. *Sic*, pour Brouselle. — Plus loin on trouvera Brusseleë.
2. *Sic*, pour Blancmesnil.
3. Mots omis.

blessé, et encore un de ses laquais tué. Il ne fut pas plustôt sorty de ce logis là, qu'à l'heure mesme, le peuple y entra et se mit à tout piller, de sorte qu'on n'y a rien laissé que les bois de lit et autres meubles de boys qui ont esté tous mis en pièces. On voyoit qui emporter un miroir garny d'argent, qui des assiètes d'argent, qui des vaisseles, qui une cassette pleine d'or monnoyé, enfin il n'y est rien demeuré. Sur les onze heures dudit jeudy, tout le parlement en corps, au nombre environ de cent cinquante, s'en allèrent au Palais-Royal pour suplier très humblement la Reyne de leur vouloir rendre leurs compagnons, et luy représenter le danger qu'il y avoit sy Sa Majesté ne le faisoit pas, que tout le peuple estoit sous les armes, qui demandoit Mr de Bruxelles. La Reyne le leur refusa absolument; là-dessus ilz s'en retournoient, mais, comme ilz furent auprès du Pont-Neuf, les bourgeois leur demandèrent où estoit Mr de Bruxelles, et ne les voulurent pas laisser repasser, au contraire, leur dirent qu'il falloit qu'ilz retournassent au Palays-Royal, et mesmes peu s'en fallut qu'ilz ne maltraitassent Monsieur le premier président; disant qu'il estoit de la cabale. Mais, enfin, ilz le laissèrent retourner avec tous les autres au Palays-Royal, où la Reyne leur donna une seconde audience, en laquelle mondit Sieur le premier président et Monsieur le président de Mesmes, après l'avoir supliée, un genoux en terre, de leur accorder la grâce qu'eux et tout le peuple leur demandoist, ilz lui dirent avec toute sorte de respect qu'ilz apréhendoient, sy Sa Majesté leur faisant grâce et justice tout ensemble les esconduisoit, qu'à la fin elle ne fut contrainte de le faire par force, et mesme qu'ilz ne scavoient pas sy le Roi seroit en seureté; que tout le peuple, au nombre de plus de quatre-vingts mille hommes, estoient sur les armes et barricades de tous côtés, qu'ilz n'en pouvoient pas estre les maîtres, comme il avoit bien paru, puisqu'on ne les avoit pas voulu laisser retourner dans leur maisons. Nonobstant toutes ces remonstrances, la Reyne s'opiniastroit toujours, mais enfin, après avoir esté informée au vray du danger qu'il y avoit, se laissat vaincre, et il fut résolu que l'on renvyeroit quérir ledit sieur de Bruxelles. En effect, on envoyat sur les dix heures du soir les carrosses de la Reyne en relais avec deux filz dudit sieur de Bruxelles et quelques autres de ses parents, et le parlement ne voulut point sortir du Palays-Royal que lesdits carrosses ne fussent (*sic*), afin d'en pouvoir asseurer le peuple. Ceste nuit on a fait des barricades en plusieurs lieux, où il n'y en avoit point eu, parce qu'on avoit fait croire aux bourgeois qu'on les vouloit tromper, nonobstant toutes les promesses qu'on leur avoit faites, et que ce n'estoit que pour gagner du temps et faire venir cependant des troupes pour les forcer. En effect, on avoit donné ordre de faire avancer douze cent chevaux pour emmener le Roy et la Reyne et Mr d'Anjou, en cas qu'on ne peusse pas apaiser le peuple, et non pas pour leur courre sus, car ces douze cent chevaux eussent été mis en pièces en moins de rien, sans qu'ilz peussent rien, car de derrière les barricades on les auroit canardé, et tué à coups de pierre par les fenestres. A ce matin, sur les neuf heures ou environ, Mr de Brusseles est arrivé du costé de la porte Saint-Honnoré. Comme les bourgeois l'ont veu, ilz ont fait une salve pour tesmoigner leur joye, mais les autres qui estoyent sur le Pont-Neuf et aillieurs dans la ville ont creu que c'estoit ceste cavalerie, qui venoit pour les forcé, de sorte qu'ilz ont fortifié leurs corps de garde et se sont tous mis sur les armes, de sorte qu'ilz estoyent en chasque endroit deux fois plus qu'auparavant. Et pourtant, quand Mr de Brusseles a esté au Palays-Royal, on l'a fait sortir par une porte de derrière, et l'a on envoyé rentrer dans la ville par la porte Saint-Anthoine, afin que tout le peuple s'apaisast en le voyant. On croit que par ce moyen tout se calmera. Néantmoins, à l'heure que je vous escris, qui est à une heure après midy, le peuple n'a point encores rompu les barricades, ny baissé les chaisnes, ny mis les armes bas, car on dit, qu'il demande encores bien d'autres choses, et mesmes qu'ilz veulent que deux hommes, qui gouvernent, soyent chassés, mais, pour moy, je croy que ce sont des contes que chasque particulier fait à son plaisir. Sy, devant que je ferme ma lettre, j'aprens que tout soit apaisé, je vous le manderay. Mr de Blanchefort et moy vous suplions de communiquer ce que je vous escris à Mr de Susferte et à Mr le baron d'Asnois, à qui vous dirés, s'il vous plaist, de la part de mondit sieur de Blanchefort, qu'il juge à propos, s'il n'est pas party quand vous recevrés ceste lettre, qu'il parte, parce qu'il sera nécessaire à son régiment. Je vous suplie aussy de le communiquer à ma femme à qui je n'ay pas le temps de faire un sy long récit. J'adjouxteray seulement icy, que nous avons esté bien heureux dans ce fauxbourg, pource que l'alarme n'y a pas esté sy chaude qu'aillieurs, car comme les peuples n'en vouloient qu'à ceux qui avoient enlevés Mr de Bruxeles, nous avons esté icy en repos, et pourtant sur nos gardes. Mr le président de Blameny et quelques autres ont été ramenés dès ce matin. Je vous diray en passant que Mr de Blanchefort, qui a fait plusieurs allées et venues d'icy au Palays-Royal, chés Mr de Nemond et ailleurs, eut bien voulu que son laquais (ne) fut vestu de vert, car il est certain que le bourgeois n'ayme pas ces livrées là, pour le raport qu'elles ont avec quelques autres.

J'oubliois de vous dire que (*le nom est resté en blanc*) a fort bien fait sa court auprès de Madame la Princesse et de Mr le Prince de Conty, car, depuis mardy, il ne les a pas abandonné et Madame la Princesse a dit tout haut que luy seul l'avoit assisté en ceste occasion. C'est tout ce que je vous diray pour le présent, sy ce n'est que je vous suplie très humblement avoir agréable que j'asseure toute votre famille de mon très humble service et que je me die,

Madame,

Vostre très humble et très obéissant serviteur,

GAIGNIÈRES.

A Paris, ce 28 aoust 1648.

On ne croit pas que tout s'apaise encores de ce jour, car on croit qu'ilz en veullent à ceste heure à la seule personne qu'ilz dient autheur de toutes les nouvelles impositions.

Dans cette lettre était un petit billet ainsi conçu :

Comme j'achevois ceste dépesche, on m'est venu dire que tout estoit apaisé, mais je le suis voulu aller voir, mesmes aux deux bouts du Pont-Neuf, où je n'ay pas trouvé un homme en armes, et toutes les barricades rompues, vous pouvés vous en asseurer et dormir en repos.

A six heures du soir du 28 aoust[1].

Ce récit ne manque ni de mouvement ni de netteté ; l'on remarquera la précision et l'abondance des détails qu'il contient. Si l'on n'en connaissait la date précise, on serait tenté d'y voir un résumé des mémoires du temps sur cette célèbre journée; quant à la langue même, elle ne paraîtra pas mauvaise pour l'époque, surtout si l'on tient compte des circonstances dans lesquelles il a été écrit.

Une autre lettre que nous trouvons dans les portefeuilles de Roger de Gaignières, mais adressée à son père, indiquerait que celui-ci s'intéressait aux questions philosophiques qui agitaient les esprits de son temps. Elle est datée de Londres, le 15 avril 1659, *stylo veteri*[2], et signée d'un sieur Guisony, qui, après avoir parlé de l'invention d'une langue universelle (on voit que l'idée n'est pas nouvelle), ajoute : « Je n'oubliray pas, Monsieur, de « vous dire qu'Aristote est absolument chassé de l'Université

1. Bibl. nat., ms. fr. 24984, fol. 163.

2. Bibl. nat., ms. fr. 24987, fol. 292. — Le calendrier grégorien ne fut adopté en Angleterre qu'au XVIIIe siècle.

« de Cambridge et qu'on n'y lit que M. Descartes maintenant. « Je sauray bientôt des nouvelles de celle d'Oxford, à ce que j'ay « appris on s'y désabuse fort aussi, quoyqu'aveq un peu moins de « vigueur. »

Ces renseignements sont tout à fait conformes aux indications recueillies par M. Bouiller[1], qui nous montrent, comme un des plus anciens partisans de Descartes en Angleterre, John Smith de Cambridge, auteur de *Discours choisis*, publiés en 1660, et signalent, à Oxford, l'opposition de Samuel Parker, évêque de cette ville. La philosophie cartésienne fut bannie d'Oxford par sentence publique.

Aimé de Gaignières était même en relation avec le Père Mersenne, célèbre mathématicien et philosophe, ami et défenseur de Descartes. Voici, en effet, ce que nous lisons dans une lettre dont il ne reste que la fin, le premier feuillet ayant été enlevé à une époque qu'on ne peut préciser :

Obligês-moy de m'enseigner la méthode de combiner, s'il y en a quelqu'une, lorsqu'il y a des lettres semblables, comme vous l'enseignés fort clairement lorsqu'elles sont toutes différentes, en vostre septiesme livre des chants en latin, prop. v, page 118[2]. Au mesme livre, p. 119, ligne 44, vous dites que l'on peut corriger le calcul qu'a fait un certain Xenocrates de toutes les syllabes possibles; je vous suplie de me mander quel livre a fait ledit Xenocrates, où il a fait ceste supposition, et sy on le peut recouvrer.

Je suis honteux de vous donner tant d'importunité, mais vous en debvés accuser vostre bonté. Je ne laisse pas de vous en demander mille pardons, vous asseurant cependant que vous ne me commenderés jamais rien pour vostre service que je n'essaye d'y contribuer tout ce que j'auray jamais de plus cher au monde, puisque je suis et veux estre toute ma vie,

Mon très Révérend Père, vostre très humble et très affectionné serviteur,

GAIGNIÈRES.

A Estais (*sic*, pour Entrains) près Clamecy, ce xvij febvrier 1637.

En marge on lit, de la même main :

Je crains bien que les dignes occupations que vous avés ne vous

1. *Histoire de la philosophie cartésienne*, 3e édit., 1868, t. II, p. 502 et suiv.

2. L'ouvrage du Père Mersenne dont il s'agit est intitulé : *Harmonicôn Libri*. Authore F. Marino Mersenno, in-fol. Paris, 1636.

permettent pas de me faire response sur toutes les choses dont je vous escris; ce sera à vostre loisir. Pardonnés, s'il vous plaist, les défauts et les ratures de cette mauvaise lettre[1].

D'après ces différents indices, on peut croire que le père de notre Gaignières était un esprit cultivé et qu'il n'a pas dû négliger l'éducation de son fils. Ce dernier semble du reste avoir été doué d'une certaine précocité intellectuelle; à treize ans, il composait un anagramme sur le nom de Michel de Marolles et des vers à la louange de ce docte et trop fécond abbé. Nous lisons, en effet, dans les mémoires de Marolles : « Je ne dois pas non plus « omettre les civilités que m'a faites François-Roger de Gai- « gnières, jeune gentilhomme dont l'esprit, les grâces et la beauté « égalent la naissance illustre, pour quelques anagrammes qu'il « a pris la peine de chercher sur mon nom, comme celle-ci, ajou- « tant un R à Michel de Marolles, l'*or de mille charmes*, et « pour ces vers très obligeants, mais qui me conviennent si peu « que je ne m'y reconnais pas du tout : »

Ton père a triomphé dans la gloire des armes
Et tu vas surpassant par tes doctes écrits
Ce qu'ont jamais produit les plus rares esprits,
De là vient qu'on te dit l'*or* vrai *de mille charmes.*

Le bon abbé ajoute que l'auteur de toutes ces merveilles approche à peine de sa treizième année[2]. On voit qu'il n'était pas difficile quand il s'agissait de vers à sa louange.

Il ne semble pas que Gaignières ait donné cours à sa précoce verve poétique; les recueils et les mémoires du temps sont muets à son égard; sa correspondance, notre seul guide dans cette étude, ne devient un peu abondante qu'à une époque postérieure, et nous le montre déjà fort adonné à l'érudition et à la *curiosité*, comme on disait alors. Après avoir été écuyer du jeune duc de Guise, Louis-Joseph Ier, mort en 1671[3], il était passé, en cette

1. Bibliothèque nationale, Nouvelles acquisitions franç., 6205, fol. 364. — Cette lettre porte au dos : « A mon Très révérend père le Très révérend père Mer- « senne, de l'ordre de saint François de Paule, au couvent des Minimes de la « place Royalte, à Paris. »

2. *Mémoires de l'abbé de Marolles*, t. III, p. 339.

3. On trouve dans le ms. fr. 24991, fol. 490, une lettre de condoléances de M. de Villeflix à Gaignières qui ne laisse aucun doute à ce sujet. M. de Villeflix, après avoir écrit que la mort du prince fait la douleur publique et celle particulière de Gaignières, ajoute : « Vostre attache et vos soings estoient

même qualité, au service de la tante de ce prince, Mademoiselle de Guise, devenue peu après seule héritière des immenses biens de cette grande maison.

Jusqu'à cette date de 1671, qu'était devenu et qu'avait fait Gaignières ? Son père s'était sans doute fait anoblir pendant la durée de ses fonctions auprès du duc de Bellegarde. Toujours est-il que, dans l'acte de baptême de son fils Roger, il est qualifié d'*écuyer* et que celui-ci le sera également dès son entrée dans le monde[1]. Le titre d'écuyer était au dernier degré de la hiérarchie féodale, et il y a loin de là à l'illustre naissance dont parle l'abbé de Marolles, mais c'était toujours sortir de la simple bourgeoisie. Après la mort de son père, arrivée à une époque que nous ne saurions préciser, mais postérieure à 1661, Gaignières, que Marolles nous annonce, dès sa jeunesse, comme bel esprit et joli garçon, avait dû, à ce double titre, pousser sa pointe dans le monde et fréquenter quelques-unes de ces nombreuses réunions qui s'ouvrirent dans Paris vers le milieu du XVIIe siècle, à l'imitation du salon de Mme de Rambouillet. Les hôtels de Mayenne et de Guise, où il habita successivement, étaient voisins de la place Royale, alors le quartier du beau monde, celui où se débitaient le plus de madrigaux, de jolis vers, de pensées fines et bien tournées. Le parrain de Roger, le duc de Bellegarde, était, par sa femme, Anne de Bueil, l'oncle du poète Racan, dont il fut le protecteur. Les deux jeunes gens durent se connaître, et peut-être se lier, bien qu'on ne trouve pas le moindre billet de Racan dans la correspondance de Gaignières ; mais ce dernier ne commença qu'un peu tard à recueillir les lettres qui lui étaient adressées. L'une des plus anciennes du recueil nous fait entrevoir, sous un aspect tout à fait mondain, le futur érudit et collectionneur. Le savant Le Laboureur, écrivant de Montmorency, le 17 juin 1667, parle d'une maladie de langueur de Gaignières, dont il « n'accuse que

« dignes de luy et c'est avec un regret très sensible que j'en vois la désunion par « un coup si funeste et si peu préveu. » Au dos de cette lettre on lit de la main de Gaignières : « M. de Villeflix, 31 juillet 1671, sur la mort de M. de Guise. » Il s'agit évidemment ici de Louis-Joseph Ier, mort de la petite vérole le 30 juillet 1671, laissant de son mariage avec Élisabeth d'Orléans, duchesse d'Alençon, fille de Gaston de France, frère de Louis XIII, François-Joseph Ier, qui ne vécut que jusqu'à l'âge de six ans et fut le dernier des mâles de la branche aînée des Guises.

1. Gaignières portait : De gueules, à un lion d'or, écartelé d'or, à deux lions de gueules, passans l'un sur l'autre.

« le chagrin d'un éloignement de trop de temps pour une per- « sonne qui aime le grand monde. Mais, » ajoute-t-il, « je ne voy « pas qu'il y ait d'autre remède à y apporter que de la constance « jusques à cet hiver, puisque Paris mesme ne sera qu'une soli- « tude jusques au retour du Roy[1]. »

On voit que Gaignières, à l'époque de sa jeunesse, était tout à fait lancé dans le tourbillon du monde ; il y acquit sans doute cette amabilité et cette bonne grâce qui lui valurent tant de belles relations et de si précieux cadeaux pour son cher cabinet[2].

Malgré ces tendances un peu frivoles, Gaignières prit de bonne heure une direction sérieuse. Peut-être lui fut-elle suggérée par la vue des objets qui l'entouraient. Nul séjour en effet n'était plus propre que l'hôtel de Guise à inspirer à un esprit jeune et curieux le goût des collections historiques ; il devait naître et se développer en présence des richesses de tous les âges, témoins et débris de la grandeur des Guises, accumulées dans cette magnifique demeure.

Le goût des objets rares et curieux, livres, manuscrits, meubles, tableaux, estampes, était alors beaucoup plus répandu dans le grand monde que l'on ne serait tenté de le croire. Sans parler du palais Mazarin, qui était un véritable musée, on peut citer la belle collection de tableaux du marquis de Châteauneuf, secrétaire d'État ; celle du duc d'Aumont, qui renfermait une prodigieuse quantité de meubles précieux, bronzes, médailles, pierres gravées et tableaux ; le cabinet de bronzes et de tableaux de Maximilien Titon ; celui de la comtesse de Beuvron, rempli de bijoux et de curiosités ; les galeries des ducs de Lesdiguières, de Créqui et de Richelieu ; celles du chancelier Séguier et du marquis de la Vrillière ; les cabinets du chevalier de Lorraine, de l'architecte Blondel, du célèbre curieux Iabach, du président Perrault, des abbés de Marolles et de la Chambre et bien d'autres[3].

1. Bibl. nat., ms. fr. 24988, fol. 41.

2. Gaignières, dont la société était fort recherchée, reçut des cadeaux qui auraient suffi pour constituer un cabinet remarquable, dit, en citant de nombreux exemples, M. Delisle, t. I, p. 349, du *Cabinet des manuscrits*.

3. La plupart de ces collections sont citées par Lemaire, dans le tome III du *Paris ancien et moderne*, publié en 1685. Il n'y est pas question du cabinet de Gaignières, qui cependant est mentionné, vers 1677, par l'abbé de Marolles, parmi les curieux d'estampes, dans son *Livre des peintres et graveurs*, édition Duplessis, p. 21. — On trouve une longue liste des cabinets de Paris en 1692, dans le *Palais Mazarin* de M. de Laborde.

La province ne le cédait guère sur ce point à la capitale, mais les collections provinciales avaient un autre caractère. Ce n'était plus comme objets d'art ou d'étude qu'on disposait dans les galeries des châteaux les armes, les meubles, les portraits et les tableaux anciens. C'était comme des souvenirs des ancêtres, comme des monuments de l'illustration de la famille ; ces collections étaient en quelque sorte spécialisées en ce sens ; celles de tableaux surtout ne se composaient guère que de portraits, comme l'érudition des gentilshommes se bornait souvent à leur généalogie.

D'autres amateurs faisaient des recueils, où l'histoire des empires se développait en estampes. On s'attachait à compléter des séries de rois, d'empereurs, de papes, d'évêques et de princes, sans songer beaucoup à l'art ; mais c'était toujours un acheminement vers un goût plus éclairé et une raison de réunir et de conserver des objets intéressants, exposés à être dispersés ou détruits.

Peut-être Gaignières ne fut-il, au début, qu'un collectionneur de ce genre; mais peu à peu il s'attacha aux choses sérieuses, et, par de longues et judicieuses recherches, il parvint à faire de son cabinet un des plus riches et des mieux choisis de la capitale. Sa correspondance fournit de précieux détails sur la façon dont il réunit toutes ses richesses et sur les nombreuses relations qu'il avait su se créer dans ce but.

De bonne heure, Gaignières avait acquis, non seulement la réputation d'un amateur distingué, mais encore celle d'un véritable érudit. Il n'avait que vingt-cinq ans quand Le Laboureur, lui écrivant de Montmorency, le 30 avril 1667, l'entretient d'un grand ouvrage qu'il prépare ; il promet de le lui envoyer dès qu'il sera terminé et le remercie des secours dont il est redevable à son érudition[1]. Les correspondants échangent des notes et des renseignements généalogiques, et l'on voit Gaignières déjà versé dans cette branche spéciale de l'histoire. Son goût personnel l'y portait sans doute, mais nous inclinons à croire que les travaux généalogiques l'attiraient aussi, parce que ce genre d'études était le plus propre à lui créer des relations dans le grand monde, où il était de plus en plus répandu.

Gaignières n'était pas riche et sa naissance n'avait rien d'illustre, quoi qu'en dise l'abbé de Marolles; mais son esprit, ses

1. Bibl. nat., ms. fr. 24988, fol. 40.

connaissances dans l'histoire des grandes familles, son inépuisable complaisance à communiquer le fruit de ses recherches et les pièces mêmes de ses collections le faisaient singulièrement rechercher dans la haute société.

C'est par une indication généalogique que s'ouvre sa correspondance avec le vaniteux Bussy-Rabutin, qui nous a conservé plusieurs lettres de Gaignières. Nous en citerons quelques fragments afin de donner une idée du style de notre collectionneur qui, sans Bussy, nous serait à peu près inconnu.

Paris, ce 1er octobre 77.

Je vous envoie, Monsieur, ce que j'ai trouvé qui regarde votre maison, comme je vous l'avois promis, lorsque j'eus l'honneur de vous voir. Vous pouvez penser que les occasions de faire quelque chose qui vous puisse plaire me seront toujours trop chères pour que j'en laisse échapper aucune. Pendant le reste du temps que vous avez été ici, j'ai fait tous mes efforts pour vous rencontrer, mais ils ont été inutiles, et je vous ai sceu party, sans avoir pu profiter de votre séjour. Je vous avoue, Monsieur, que j'en ai eu bien du déplaisir, et que rien ne m'en pourroit consoler que l'établissement d'un peu de commerce. Si vous jugez que je vous sois bon à quoi que ce soit en ce pays-ci, il ne tiendra qu'à vous de m'y employer.

Je vous envoie un petit impromptu que Mr de Coulanges fit chés Mme de Saint-Géran ; elle lui disoit : « Allons à Complies, Coulanges, aux Feuillans. » Il lui répondit : « Ne sortez point de céans, vous êtes accomplie, belle Saint-Géran, » et ils mirent cela sur l'air de *Beuvons à nous quatre*.

Si vous trouvez bon que je vous envoie de ces sortes de choses, il m'en passe quelques-unes par les mains, j'aurai soin de vous les faire tenir et j'essayeray par mon exactitude de vous faire connètre que je ne suis pas moins, par inclination que par considération, votre, etc. [1].

C'était assurément la meilleure façon d'entrer en commerce avec Bussy que de lui envoyer des documents sur sa famille, dont il était si fier, et des anecdotes de Paris, dont il était si friand. Aussi les offres obligeantes de Gaignières furent-elles acceptées avec empressement.

1. *Correspondance de Roger de Rabutin, comte de Bussy, avec sa famille et ses amis*. Nouvelle édition, par L. Lalanne. Paris, 1858-59, 6 vol. in-8°. T. III, p. 398.

Bussy, toujours quémandeur, malgré les airs stoïques qu'il affecte dans ses lettres à Mme de Sévigné, songea à tirer profit de la bonne volonté de Gaignières. Il le chargea de suivre auprès de l'archevêque de Paris une demande d'abbaye qu'il avait faite pour un des siens. Cet archevêque était alors l'aimable Harlay de Champvallon, célèbre par son esprit, ses talents et, il faut bien le dire, par ses galanteries. Gaignières se laisse prendre d'abord aux belles paroles de Harlay et se croit sûr du succès ; mais il ne tarde pas à s'apercevoir qu'il a affaire à plus habile homme que lui, et le dépit perce un peu dans la dernière des trois lettres que nous donnons ci-après. Il y a là comme une petite scène de comédie, qui mérite d'être reproduite.

A Paris, ce 3 décembre 77.

Vous me rendrez justice, Monsieur, de croire que ce sera avec bonheur que je feray les choses qui vous pourront être utiles et agréables. Je n'ay pu rendre votre lettre à Mgr l'archevêque qu'hier matin. A votre nom, il me reçut le mieux du monde, et après l'avoir leue tout du long, comme vous lui marquiez que j'avois à l'entretenir sur ce qu'elle contenoit, il revint à moi en me disant : qu'il auroit une très grande joie de vous pouvoir rendre service ; sur cela je luy dis ce que vous m'avés écrit ; et il répondit on ne peut plus obligeamment ; il me dit qu'il parleroit au P. de la Chaise ; je lui expliqué qu'il le trouveroit très bien disposé à vous servir. Après, Mgr l'archevêque me dit d'une manière tout à fait honnête qu'il vous avoit obligation et qu'il seroit ravy de s'en revancher.

Il me fit ensuite l'honneur de me dire qu'il croyoit mettre sa réponse en bonne main et que je pouvois vous assurer qu'il feroit tout ce qui dépendroit de luy. Enfin on ne peut pas plus faire de civilités, et à un point que je crus que vous ne luy pouviez marquer assés de reconnaissance par une nouvelle lettre.

Il y a ici tant de gens qui pressent eux-mêmes, qu'à moins que vous n'eussiez un avis, cela pourroit tirer de longueur[1].

A Paris, 19 juillet 78.

Je suis surpris, Monsieur, que vous n'ayés pas reçu une lettre que je me donnai l'honneur de vous écrire il y a quelque temps ; je vous mandois que, si je n'avois pas eu plus de soin de vous écrire, c'étoit

1. *Correspondance*, etc. T. III, p. 427.

que je ne l'avois pas voulu faire sans vous envoier une réponse de Mgr l'archevêque et que, comme je l'attendois de jour à l'autre, je m'étois insensiblement laissé aller à ne vous oser plus rien dire qu'avec la lettre; mais enfin il faut me justifier, car il n'y a pas de ma faute au fond; comme je ne suis pas maitre de mon temps et que Mgr l'archevêque en a peu pour le grand nombre d'affaires dont il est accablé, j'ay plus de peine à le joindre qu'un autre. Enfin, j'y fus encore hier, et il me fit des excuses infinies et m'assura que demain matin il me donneroit toutes celles qu'il vous devoit faire et qu'il seroit ravy d'avoir des occasions de vous rendre service. Je ne manqueray pas d'être demain à son lever. Je luy dis même que, s'il ne pouvoit pas vous faire réponse, je ne l'en importunerois pas davantage. Il faudroit savoir ce qu'il me dit là-dessus, mais c'est ce que je ne puis vous écrire, tant il en dit et combien d'embrassades il me fit.

Je vous supplie, Monsieur, d'être persuadé que je ne négligeray rien où il s'agira de votre service, et surtout des choses qui dépendront de moy. Je ne me suis pas engagé à vous donner ces assurances-là pour y manquer, mais, franchement, j'ay voulu approfondir d'où venoit ce retardement de réponce avant que de vous rien mander mal à propos. Et comme ce n'est qu'oubli et accablement de mille choses, je ne fais pas difficulté de vous le mander. L'archevêque se souvint, dans le temps que je lui parlois, qu'il y avoit un mois qu'il devoit une réponce à Mlle de Guise.

Il y a encore eu un petit combat en Allemagne dont nous avons eu l'avantage. On a pris six étendarts aux ennemis comme Mr de Lorraine alloit pour se jeter dans Offembourg avec six mille chevaux où il est entré; le comte de Schomberg a été pris et blessé.

Mr de Rohan épousa hier Mlle de Vardes.

Mme d'Aubray est morte cette après-dinée[1].

Paris, 5 août 78.

Enfin, voici la réponse que j'ay tant attendu. Je vous assure, Monsieur, qu'avec tous les compliments, toutes les assurances de service et toutes les manières honnêtes de Mgr l'archevêque, je n'ay pas laissé d'avoir une extrême peine à avoir cette lettre et j'ose vous dire que, hors pour vous, je ne sache personne pour qui j'eusse voulu avoir une semblable persévérance. Je ne vous dis pas cela pour me faire valoir, mais au contraire pour m'excuser auprès de vous, car je ne doute pas que ce soit peut-être ma faute et mon peu de savoir

1. *Correspondance*, etc. T. IV, p. 157.

faire qui ont fait traîner une semblable bagatelle. Il y a d'autres occasions où je réussirois peut-être mieux; je les embrasseray toujours avec plaisir pour votre service, Monsieur, car, sans compliement, je suis tout à vous[1].

Gaignières avait des correspondants moins futiles que Bussy, notamment parmi les Bénédictins, au premier rang desquels il faut mettre ceux de Bretagne, chargés d'écrire l'histoire de cette province, sous la direction de Dom Audren de Kerdrel, secondé par Dom Le Gallois, Dom Lobineau et quelques autres savants religieux. Le premier en date est Dom Le Gallois, qui mit Gaignières en rapport avec Dom Audren, et enrichit son cabinet de deux copies de portraits d'un duc et d'une duchesse de Bretagne, Alain Fergent, duc de 1044 à 1112, et sa femme Ermengarde d'Anjou[2]. On peut suivre dans la correspondance la marche de l'entreprise et voir quelle part y eut Gaignières[3]. On trouve même un plan de travail pour l'histoire de Bretagne, écrit de sa main, le 5 décembre 1689[4], et qui témoigne de la confiance qu'avaient en lui ses doctes correspondants et combien il en était digne. Ces lettres commencent en 1688, à l'époque même où Dom Audren, poussé par l'évêque de Quimper, François de Koetlogon, songea sérieusement à écrire l'histoire de Bretagne. Elles se succèdent pendant plusieurs années, et lorsque Dom Audren envoie à Paris Dom Alexis Lobineau, pour parfaire cette histoire, fruit de si laborieuses recherches, il écrit à Gaignières, le 10 juin 1703 :

Enfin, voilà dom Alexis à Paris; je vous conjure de le prendre sous votre protection et de prendre à son égard la qualité de son ange tutélaire. Je vous abandonne tous mes droits et sur l'historien et sur l'histoire. C'est présentement votre ouvrage; et si, dans la suitte, le public se plaint qu'il n'a pas toutte la perfection qu'il pourroit avoir,

1. *Correspondance*, t. IV, p. 169. On trouve d'autres lettres de Gaignières dans l'excellente édition de la *Correspondance de Bussy*, donnée par M. Lalanne, et mentionnée ci-dessus.

2. Bibl. nat., ms. fr. 24987, fol. 202. — De La Borderie, p. 4.

3. Toute cette curieuse correspondance a été publiée, avec d'autres documents relatifs à la préparation de l'Histoire de Bretagne, par notre savant confrère M. de La Borderie, en un volume intitulé : *Correspondance historique des Bénédictins bretons*, 1 vol. in-8°. Paris, Champion, 1880. Inutile d'ajouter que les textes ont été établis et annotés avec le soin et l'érudition dont M. de La Borderie a donné tant de preuves dans ses beaux travaux sur sa chère Bretagne.

4. Bibl. nat., fr. 24987, fol. 177. — De La Borderie, p. 25.

je ne manqueray pas de dire qu'on s'en doit prendre à Mr de Gaignières[1].

Dom Lobineau lui avait écrit, le 29 avril 1702 : « Vous avez « contribué, Monsieur, à l'embellissement de l'histoire de Bre- « tagne par de beaux et précieux extraits que vous avez eu la « bonté de nous communiquer[2]. » Après ces compliments, il est singulier que dans sa préface Dom Lobineau n'ait même pas cité Gaignières au nombre des personnes auxquelles il avait des obligations.

Parmi les autres bénédictins correspondants de Gaignières, nous trouvons Montfaucon, qui devait tirer tant de profit des dessins de notre collectionneur pour son grand ouvrage des *Monuments de la monarchie française*, ainsi qu'il le déclare hautement dans sa préface.

Les recueils de feu de Gaignières, mon ami, sont les premiers en date. Sans cette avance, je n'aurois jamais pu faire une telle entreprise. Il m'a fraié le chemin en ramassant et faisant dessiner tout ce qu'il a pu trouver de monuments dans Paris, autour de Paris et dans les provinces. Il y a employé de grosses sommes. Je lui ai souvent donné des recommandations pour nos abbayes où il alloit faire des recherches, menant toujours avec lui son peintre. Je ne savois pas alors qu'en lui faisant plaisir j'agissois pour moi; ce n'est que depuis sa mort que j'ai formé le plan que j'exécute aujourd'hui : et, sans ce secours, je n'aurois jamais pu fournir aux frais immenses qu'il auroit fallu faire pour dessiner tant de monuments d'après les originaux dont plusieurs sont fort éloignés de Paris.....

J'ai tiré de ses portefeuilles un bonne partie des pièces qui entrent dans cet ouvrage[3].

Une lettre de Montfaucon, sans date, mais écrite de Rome et adressée à l'hôtel de Guise, par conséquent antérieure à 1701, comme nous le montrerons plus loin, contient les passages suivants : « Ne croyez pas que je vous oublie, Monsieur et très cher amy, et « si j'ay tant tardé à vous écrire, c'est que je voulois vous envoyer « quelque éclaircissement sur le mémoire que vous me donnâtes à

1. Bibl. nat., fr. 24985, fol. 53. — De La Borderie, p. 90.
2. Bibl. nat., fr. 24988, fol. 129. — De La Borderie, p. 84.
3. *Monuments de la monarchie française*. Paris, 1729, préface, p. vi.

« mon départ... Je vous diray, par avance, qu'il ne faut rien « espérer du château Saint-Ange, où l'on conserve les bulles; « car, outre qu'on n'y donne pas volontiers entrée aux François, « on fait payer un teston par année, c'est-à-dire que, Gui de « Noailles étant mort l'an 1296, il faudroit payer autant de tes- « tons qu'il y a d'années depuis ce tems jusqu'à présent[1]. » On voit que les recherches dans les archives papales étaient fort dispendieuses et hors de portée pour la plupart des savants. Après la signature de Bernard de Montfaucon, se trouvent dans cette lettre quelques lignes affectueuses de Dom Claude Estiennot, qui accompagnait le savant bénédictin en Italie.

Dom Germon, prieur de Saint-Chéron, informe Gaignières que le prieur de Saint-Jean met son chartrier à sa disposition[2]; Nicolas Quinquet, religieux de Longpont, lui envoie une monnaie d'un ancien comte de Soissons[3]; Dom René Ducher lui écrit d'Orléans, de Saint-Jouin-de-Marnes, de Saint-Jean-d'Angely, et c'est toujours à l'occasion d'envois de documents historiques, d'épitaphes, de généalogies[4]. Dom Jean Gellé écrit de Saint-Denis, le 23 avril 1684 : « Je vous ay apporté tous[5] (*sic*) les épitaphes qui restent « dans notre église de Saint-Michel de Tréport, et celles du comte « de Lannoy. J'ay donné charge à des écoliers, qui désignent un « peu, de me tirer les monumens des comtes d'Eu, qui sont dans « l'abbaye des chanoines réguliers de la ville d'Eu; de M. et « Mme de Guise, qui sont dans l'église des Jésuites de la même « ville; et à d'autres de me tirer tous les épitaphes des églises de « Dieppe[6]. » Ailleurs, il lui envoie l'épitaphe de « messire Jehan « de Bruges, seigneur de la Grutheuse, lieutenant général du « Roy ès pays de Picardie et capitaine de cent hommes d'armes, « qui trépassa à Abbeville en l'an mil V^c^ et XII, et fust grand et « redouté seigneur. » Il s'agit ici du fils du célèbre amateur et bibliophile, digne d'être considéré comme l'un des ancêtres de Gaignières. Enfin, l'abbé de Louvois, fils du grand ministre, qui devait plus tard, en qualité de garde de la bibliothèque du Roi, recueillir la meilleure partie des richesses amassées par Gaignières,

1. Bibl. nat., ms. fr. 24988, fol. 291.
2. Id., 24987, fol. 218.
3. Id., 24991, fol. 126.
4. Id., 24986, fol. 179 à 186.
5. Le genre du mot épitaphe était encore douteux au XVIIe siècle.
6. Bibl. nat., ms. fr. 24987, fol. 210.

compte bien que, dans son abbaye de Bourgueil, il ne lui fera pas l'affront de prendre d'autre logis que le sien[1].

Une lettre de l'abbé à Gaignières nous apprend que ce dernier déclina cet honneur; elle est tout à fait de nature à confirmer la bonne opinion que Saint-Simon nous donne de l'esprit et de l'amabilité de son auteur.

A Paris, ce mercredi 28e octobre 1699.

Je vous connoissois, Monsieur, très curieux de chartriers de moines, mais je ne croyois pas qu'un homme de votre goût le fût aussi de leurs lits. Cependant j'aprens, Monsieur, que vous avez préféré celuy que vous ont offert les religieux de Bourgueil à ceux qu'on vous a offert de ma part. C'est une chose que je ne vous pardonneray point si tôt, puisque c'est par cette conduite se déclarer entièrement contre les abbez commendataires. La lettre que vous m'avez fait l'honneur de m'écrire ne devoit point être une lettre de remerciemens, puisque je n'ay eu aucune part à tout ce qui peut en mériter. Cependant comme vous me marquez que vous êtes content de Bourgueil, j'écris au Père prieur, comme vous me paroissez le désirer, pour l'en remercier, fâché de ne pouvoir faire autre chose pour l'utilité de vos desseins, étant autant que je le suis, Monsieur, votre très humble et obéissant serviteur,

L'abbé de Louvois.

A Monsieur, Monsieur de Gasnières, gouverneur de Joinville, à présent à l'abbaye de Marmoutier près de Tours. A Tours[2].

On remarquera cette adresse à l'abbaye de Marmoutier, où Gaignières paraît avoir fait alors un assez long séjour. C'est peut-être à cette époque qu'il copia et fit copier le volumineux cartulaire de cette abbaye aujourd'hui à la Bibliothèque nationale (lat. 5441[1-4]).

On ne trouve pas dans les portefeuilles de Gaignières de lettres du plus savant des bénédictins, Dom Mabillon, mais on est en droit de penser qu'ils étaient cependant en relations. Nous voyons en effet Dom Henri de Lanthenas écrire de Vendôme qu'il a chargé le Père Mabillon de remettre à notre collectionneur cinq copies de chartes fort anciennes[3], et M. E. de Broglie, dans son intéres-

1. Bibl. nat., ms. fr. 24988, fol. 156. Lettre du 26 juillet 1699.
2. Id., 24988, fol. 159.
3. Id., 24988, fol. 68.

sante étude sur la société de Saint-Germain-des-Prés à la fin du XVIIe siècle, nous montre Gaignières comme un des membres assidus de ces savantes réunions dont Mabillon était l'âme et le centre[1].

Dom Michel Germain, le fidèle compagnon de l'illustre bénédictin dans ses voyages d'Allemagne et d'Italie, écrit à Gaignières, le 6 décembre 1683 : « Je vous avoue, Monsieur, que je désire « ardamment de vous marquer les reconnoissances que je dois à « vos bontez et que j'admire sans cesse la droiture et l'élévation « de vostre âme[2]. » Ailleurs, il lui communique l'original de son abrégé de l'histoire de Saint-Germain.

Gaignières ne se bornait pas aux rapports épistolaires avec la savante congrégation. Jusqu'au moment où les infirmités le confinèrent dans son cabinet, chaque année, en compagnie de son fidèle valet de chambre Remy, devenu sous sa direction un habile copiste, il faisait de fructueuses excursions et d'assez longs séjours dans les abbayes bénédictines, copiant les chartes et même les cartulaires, relevant les épitaphes, dessinant et faisant dessiner les sceaux, les tombeaux et les verrières[3]. Son urbanité, sa complaisance à communiquer ses recherches, l'agrément et la sûreté de son commerce lui acquéraient partout des amis, et l'on voit que sa venue dans les doctes maisons n'était pas attendue avec moins d'impatience que celle de Mabillon lui-même. Dom Audren de Kerdrel accueille en ces termes l'annonce de son arrivée au Mans : « Quelle joye pour moy que de vous voir arriver à Saint-« Vincent ! Je vous conjure de ne pas oublier ce que vous me « faittes la grâce de me promettre, je me flatte que des conférences « pendant huit jours me rendront habille historien[4]. »

Les ordres monastiques, non voués à l'étude, fournissent naturellement des correspondants moins nombreux et moins utiles. Nous citerons cependant Dom Jean Le Houx, prieur d'une importante chartreuse près Toulon, le feuillant Jean-Baptiste Pradillon, dont on a, surtout du premier, de nombreuses lettres indiquant une vieille et solide liaison[5], et le prieur de Fontevrault,

1. *Mabillon et la société de Saint-Germain-des-Prez*, t. I, p. 69.
2. Bibl. nat., ms. fr. 24987, fol. 215.
3. Delisle, *Cabinet des manuscrits*, t. I, p. 342.
4. Bibl. nat., ms. fr. 24985, fol. 31 v°. — De La Borderie, p. 53 (20 sept. 1693).
5. Id., 24987, fol. 327 à 395.

N. Combaulet, qui le remercie de trois grands volumes de Grotius offerts par lui à la bibliothèque du monastère[1].

Dans ses excursions, Gaignières se faisait accompagner d'un dessinateur, le peintre L. Boudan, artiste médiocre, mais à qui nous devons la représentation de tant de monuments figurés aujourd'hui détruits. Plus tard, Gaignières, devenu vieux et infirme, l'enverra souvent travailler seul dans les localités antérieurement visitées. Un marché passé entre eux et reproduit par MM. Duplessis et Delisle nous donne les prix bien modiques des travaux que nous pouvons apprécier à la Bibliothèque nationale. Les armes croquées à l'encre sont payées un liard la pièce, les tombeaux et épitaphes, cinq sols; surchargés d'ouvrage, colorés et dorés, trente sols; les grandes modes en miniature sur vélin, trente-neuf sols; les pièces historiques, cinquante sols; les grandes vues coloriées, trois livres; c'est le maximum[2].

Les relations de Gaignières n'étaient pas limitées au clergé régulier. Il en avait dans le clergé séculier et des plus hautes; les lettres d'évêques et d'archevêques abondent dans ses portefeuilles. Sans parler de Fénelon, sur lequel nous reviendrons, l'épiscopat français s'y trouve brillamment représenté. Huet, le savant évêque d'Avranches, guette pour Gaignières la mort d'un curieux de Lille qui a soixante-dix-huit portefeuilles tous remplis de portraits[3]. Il le remercie de documents communiqués pour son histoire de Caen, et, le 17 juin 1701, il lui écrit qu'il le citera dans son livre en ces termes : « Ces deux pièces m'ont esté com« muniquées par M. de Gaignières, plus estimable par son hon« nesteté et sa vertu que par l'heureuse recherche qu'il a faite « d'une infinité d'anciens documens pour l'éclaircissement de notre « histoire. » Il ajoute : « Vous en êtes quitte à bon marché de ce « que je n'en dis pas davantage[4]. »

M. de Mailly, archevêque d'Arles, lui annonce des sceaux en nombre, et lui enverra ce qu'il trouvera de rare, *mais il le sait peu curieux d'antiquités romaines*[5]. M. de Clermont-Tonnerre, évêque de Fréjus, lui adresse de nombreuses lettres, rem-

1. Bibl. nat., ms. fr. 24986, fol. 336.
2. Delisle, *le Cabinet des manuscrits*, t. I, p. 337; Duplessis, p. 6 du tirage à part de la *Gazette des beaux-arts* de mai 1870.
3. Bibl. nat., ms. fr. 24987, fol. 438.
4. Id., 24987, fol. 440.
5. Id., 24988, fol. 175 à 187.

plies d'estime et d'affection, dans lesquelles il est aussi question de curiosités et d'antiquités[1]. M. Habert de Montmort, évêque de Perpignan, écrit, le 2 septembre 1687 : « Comment va la mai- « son? la galerie est-elle parquetée? les croisées et sonnettes « posées? le jardin commence-t-il à faire figure[2]? » Il s'agit de la maison que Gaignières faisait construire rue de Sèvres et dans laquelle il est mort : nous en parlerons plus loin. Dans ces lettres très affectueuses, il est fréquemment question de la santé de Gaignières qui, dès 1681, ne paraît pas bonne. J.-B. de Vertamont, évêque de Pamiers, lui envoie quatre portraits pour sa galerie; il avait lui-même des tableaux[3]. Gaspard de Lomer de Matha, évêque d'Aire, fera dessiner pour lui le tombeau de saint Quittere.

Parmi les correspondants mitrés de Gaignières, outre les cardinaux de Noailles, d'Estrées et Gualterio, nonce du pape en France, lui aussi passionné collectionneur, citons encore Bernard de Senaux, évêque d'Autun, Legoux de la Berchère, archevêque de Narbonne, Claude Le Tonnelier de Breteuil, évêque de Boulogne, Henry Feydeau de Brou, évêque d'Amiens, André Colbert, évêque d'Auxerre, Michel Le Pelletier, évêque d'Angers, Henri-Guillaume Le Jay, évêque de Cahors, Jean-Baptiste de Beaumanoir-Lavardin, évêque de Rennes. On voit par cette énumération bien incomplète que notre collectionneur avait dans toutes les parties de la France ecclésiastique de puissantes et précieuses amitiés, qui devaient lui être de grande utilité lorsqu'il visitait les différents diocèses[4].

Afin de rendre ses excursions archéologiques plus fructueuses, Gaignières se munissait parfois de recommandations ministérielles auprès des intendants. Nous en avons une du ministre Claude Le Pelletier à M. de Maupeou d'Ableiges, intendant de Poitiers.

A Paris, le 22 may 1699.

Monsieur, Monsieur de Ganière (*sic*), qui vous rendra cette lettre, est l'homme le plus dangereux qui puisse mettre le pied dans votre

1. Bibl. nat., ms. fr. 24985, fol. 230 à 293.
2. Id., 24988, fol. 315.
3. Id., 24991, fol. 467 à 480.
4. Du reste, ces lettres, comme beaucoup de celles écrites au XVIIe siècle, contiennent peu de faits et sont rarement anecdotiques. Des compliments bien tournés, des protestations, des formules de politesse en font généralement tous les frais. La correspondance de Mme de Sévigné fait exception.

département; il n'entre jamais dans un pays qu'il n'en emporte tout ce qu'il y a de beau et de curieux. La vérité est qu'il en fait un si bon usage que, bien loin de lui en scavoir mauvais gré, les honestes gens doivent favoriser ses recherches. Il a un cabinet remply de manuscrits très beaux et très curieux, d'une infinité d'estampes et de monumens très utils pour l'éclaircissement de l'histoire. Il va continuer ses recherches en Poitou; je m'intéresse, Monsieur, au succès de son voiage par l'estime que j'ay pour son mérite, par l'amitié dont il m'honore depuis longtemps, et par l'utilité de ses recherches qui doit engager tout le monde à le favoriser. Je luy ay promis, Monsieur, qu'il trouveroit auprès de vous tous les secours dont il pouroit avoir besoin, et bien que son mérite suffise pour les luy procurer, je ne laisseray pas de prendre sur mon compte tout ce que vous voudrez bien faire pour contribuer à sa satisfaction. Je suis de tout mon cœur, Monsieur,

Votre très humble et très obéissant serviteur,

LE PELETIER[1].

Gaignières s'était acquis dans la haute administration d'utiles amitiés. M. de Caumartin, intendant de Champagne, lui écrit, le 26 octobre 1683 : « Mandez-moy ... ce que vous faittes, comant « vont les curiositez? J'ai de belles choses à vous aprendre, « j'enrichiray beaucoup vos épitaphes[2]. » M. de Nointel, intendant de Tours, lui propose les jetons des maires de Tours et d'Angers; il avait lui-même un cabinet et reçoit de Gaignières des portraits pour les faire copier[3]. Michel Bégon, intendant de Rochefort, administrateur éminent et passionné collectionneur, lui envoie de Rochefort divers plans, ainsi que des copies de tableaux et de portraits. Il lui mande qu'on travaille au catalogue de ses portraits et il ajoute : « Il fault que j'aye un graveur qui « soit à peu près de la force du mien qui est Lubin[4]. »

Nous pourrions en citer d'autres, mais les lettres de M. de Foucault, intendant de Caen, sont particulièrement intéressantes.

Il écrit le 20 mars 1703 :

... Je puis vous asseurer que je ne perds pas mon temps et que je

1. Bibl. nat., ms. fr. 24991, fol. 25.

2. Id., 24986, fol. 27.

3. Id., 24990, fol. 295 à 308.

4. Bibl. nat., ms. fr. 24985, fol. 128. — Bégon a fourni une partie des portraits qui figurent dans les *Hommes illustres* de Perrault et paraît avoir eu le premier l'idée de cette publication. — Voir Jal, *Dictionnaire critique*.

ramasse bien des choses curieuses dont je vous feray part. Je fais copier les tiltres des fondations des antiennes abayes et dessigner les tombeaux; mais j'ay faict un voyage à Lisieux, le plus heureux que je feray de ma vie, Mr l'évesque de Lisieux m'ayant donné un missel qui est la pièce la plus curieuse que vous ayés veue; il a esté faict pour l'abaye de Schurborn en Angleterre, qui, d'un esveschė qu'elle estoit, est devenue abaye. Il est plus gros et plus grand que les livres de chant du plus grand volume qui soient dans les églises; les armes et les portraits au naturel des roys, fondateurs, évesque et abés y sont peintes en belle mignature; l'establissement des ordres et le temps de la naissance des antiennes hérésies en Angleterre y sont marqués, et il y a une infinité de choses curieuses et de traits d'histoire que l'on trouve dans ce livre, qui, d'ailleurs, est enrichi de vignettes, de testes naturelles d'hommes, d'oiseaux, de bastimens et de mille autres choses. Le nom du moyne qui les a faict est escrit dans le livre en plusieurs endroits, mais la datte du temps où il a esté écrit n'y est point. On présume cependant par beaucoup de circonstances qu'il doit estre du milieu du xve siècle. J'espère vous le faire voir un jour, mais comptés qu'il n'y a rien de plus beau dans le cabinet du Roy.

Il ajoute :

Je ramasse toujours de vieilles Heures et j'en reçoys de touttes les provinces. J'en ay desjà cent vingt-trois, entre lesquelles il y en a de très riches et de très curieuses[1].

Le 27 octobre de la même année, Foucault écrit :

Je vous porteray des desseins de tombeaux et des inscriptions, mais mon missel anglois que m'a donné Mr de Bayeux est trop gros pour le pouvoir porter à Paris, il n'ira que lorsque j'iray pour n'en plus partir[2].

On voit par ces extraits que M. de Foucault était, lui aussi, un véritable et souvent heureux collectionneur[3]. Le beau manuscrit dont il est question entra dans la bibliothèque de M. l'abbé de Rothelin, bibliophile distingué du XVIIIe siècle, d'où il passa dans la collection de M. de Selle, trésorier général de la marine, à la vente duquel il ne trouva pas d'acquéreur. Il est aujourd'hui

1. Bibl. nat., ms. fr. 24987, fol. 123.
2. Id., 24987, fol. 125.
3. Voir, sur les collections de Foucault, Delisle, *Cabinet des manuscrits*, t. I, p. 374 et suiv.

en Angleterre, dans la bibliothèque du duc de Northumberland. M. Bradley[1] nous fait connaître le nom de l'artiste qui a enluminé ce remarquable volume, nom que Foucault avait négligé de donner. Il s'appelait Johannes Was, et M. Bradley pense pouvoir l'identifier avec Johannes Sifrewas, à qui sont dues les belles miniatures du *loutered psalter* du British Museum. M. Bradley se trompe en faisant passer ce manuscrit de la bibliothèque de M. de Rothelin dans celle de Foucault; c'est le contraire qui est la vérité.

Les savants laïques, comme on dirait aujourd'hui, sont dans les portefeuilles de Gaignières moins nombreux que les autres correspondants; ils y figurent à peu près dans la proportion où ils se trouvaient alors en France. Une lettre de du Cange prouve ses excellents rapports avec Gaignières, il lui demande un service personnel[2]; Ménage, qui n'avait d'ecclésiastique que l'habit et les bénéfices, s'adresse à son obligeance bien connue et lui recommande un de ses amis[3]; de Larroque, protestant converti, homme instruit et lettré, qui passa quelques années à Fontevrault, auprès de l'abbesse, Mme de Rochechouard[4], échange avec lui des documents généalogiques; il en est de même de M. de Refuge, auteur d'un armorial de l'évêché de Saint-Pol de Léon, et du marquis de Carcado, qui prépare celui de Bretagne. Ce dernier offre de faire copier pour Gaignières des portraits de chevaliers du Saint-Esprit. Voici comment il s'exprime au sujet de ces copies de portraits, dans une lettre écrite de Rennes à Dom Audren, le 31 mars 1690 : « Je ne comprens pas les gens qui « prétendent obliger une personne comme M. de Gaignières, en « permettant qu'il fasse coppier les portrais de ceux qui sont de « leurs familles et qui ont eu une pareille marque d'honneur, « puisque c'est un moien de la faire revivre par la curiosité d'un « homme aussy *illustre* que l'est M. de Gaignières[5]. »

Baillet, bibliothécaire de M. le président de Lamoignon, l'informe que celui-ci met à sa disposition sa belle bibliothèque[6]; plusieurs lettres de Lamoignon lui-même à Gaignières sont pleines

1. John W. Bradley, *A Dictionary of miniaturists.*
2. Bibl. nat., ms. fr. 24987, fol. 17.
3. Id., 24988, fol. 267.
4. Voir une note de M. P. Clément sur de Larroque dans *Une abbesse de Fontevrauld au XVIIe siècle,* p. 205.
5. Id., 24986, fol. 10. — De La Borderie, p. 34.
6. Id., 24985, fol. 67.

de sentiments d'estime et d'amitié; il l'invite, le 25 juin 1685, à venir chez lui voir des médailles[1]; un autre jour, il fait partie d'aller avec Coulanges visiter son cabinet. D'autres membres de la haute magistrature figurent dans le recueil, notamment M. Faucon de Ris, président au parlement de Rouen, dont les lettres sont nombreuses et très bien tournées[2].

Celles des littérateurs proprement dits sont rares; en voici cependant une de Boileau qui nous paraît inédite :

Je croi que ma maladie survivra à celle de Mr de Puimorin qui n'a plus la fièvre, grâce au Quinquina qu'il a pris à mes instantes sollicitations. Pour moi j'ay toujours le genou malade. Je vous prie donc de me pardonner si je vous demande quelques jours pour achever ce que vous souhaités. Vous ne scauriés croire quelle mauvaise compagnie c'est que la douleur quand on travaille aux choses d'esprit; il n'y a qu'une conversation comme la vostre qui la puisse faire oublier. Je l'éprouvai bien le dernier jour chés vous et je voy bien que c'est le meilleur cataplasme que j'y puisse mettre, mais on ne le trouve pas quand on veut. Je suis votre très humble et très obéissant serviteur,

DESPRÉAUX.

Samedi matin.

(*Au dos est écrit* :) Pour Mr de Gaignières (*et une note de la main de ce dernier porte* :) Mr Despréaux, du 13 novembre 83[3].

Une lettre de l'académicien Régnier-Desmarais nous apprend que Gaignières avait prêté cinq vues du château de Thouars au duc de la Trémoille[4]; une autre de l'abbé de Longuerue, également membre de l'Académie, annonce, le 1er novembre 1696, que les portraits et les éloges des hommes illustres vont paraître : « Touttes les dificultés sont levées..., écrit-il, par l'arrest qu'a « prononcé M. le chancelier, qui a ordonné que, sans avoir égard « aux remontrances, aux plaintes, aux sollicitations et mesme « aux fanfaronades du sieur Dezallier, on supprimera et on « retranchera du receuil de Messieurs Bégon et Perraut le portrait « et l'éloge de M. Arnaud, et qu'à la place, on mettra celuy du « Père Thomassin; ce qui s'exécute sans délai[5]. »

1. Bibl. nat., ms. fr. 24988, fol. 58.
2. Id., 24991, fol. 166 à 185.
3. Id., 24985, fol. 327.
4. Id., 24991, fol. 142.
5. Id., 24988, fol. 136.

Nous avons été un peu surpris au début de ne rencontrer presque aucune trace de rapports de Gaignières avec les artistes de son temps, son dessinateur Boudan ne méritant guère ce nom. Ceci s'explique par la nature des goûts de notre collectionneur, particulièrement porté vers les choses anciennes; c'était un archéologue dans le sens moderne du mot. Nous trouvons cependant une lettre de Rigaud, à propos d'un portrait du marquis de Puysieux, qui existe peut-être dans quelque collection[1].

Je suis bien fâché, Monsieur, de ne m'estre pas trouvé chez moy lorsque vous m'avez fait l'honneur d'y venir avec Monsieur l'évesque de Soissons et Monsieur le marquis de Pisieux. J'accepte l'heure que vous me mandez qu'il viendra chez moy pour commencer son portrait; puisque le matin luy convient, je vous prie de luy dire que ce soit à neuf heures, affin que j'aye le temps de faire l'ébauche avant midy; et, s'il le faut, je ne m'engageray pas même l'après-midy de demain, parce que s'il estoit nécessaire je continueray la même journée, pour gagner du temps. Je suis ravy, Monsieur, que vous me procuriez l'honneur de peindre Monsieur le marquis de Pisieux; j'y profiteray par plus d'un endroit; puisqu'il me procurera celuy de vous voir chez moy, et vous y assurer qu'on ne peut être avec plus d'estime et de respect que je le suis,

Monsieur,

Votre très humble et très obéissant serviteur,

RIGAUD.

(*Au dos :*) A Monsieur Monsieur de Gagnère, en sa maison près les Incurables, à Paris[2].

Gaignières, dont la fortune était des plus modestes, vit peu à peu sa condition s'améliorer. En 1679, il fut nommé gouverneur de la ville et principauté de Joinville, qui appartenait à la duchesse de Guise. L'année suivante, il reçut du roi une pension de cinq cents écus sur l'évêché de Châlons, ainsi que l'apprend une lettre de félicitations de la comtesse de Choiseul[3]. Nous n'avons pas réussi à découvrir par quel canal il avait obtenu cette grâce; mais on ne peut guère en faire honneur à Mlle de Guise,

1. Cette lettre ne porte pas de date, mais, comme on le voit par la suscription, elle est postérieure à 1701, époque de l'établissement de Gaignières dans sa maison de la rue de Sèvres.

2. Bibl. nat., ms. fr. 24991, fol. 163.

3. Id., 24986, fol. 191.

alors fort retirée de la cour et du monde et assez riche d'ailleurs pour récompenser elle-même les personnes attachées à sa maison. Cette augmentation de revenu dut être employée par Gaignières à l'accroissement de ses chères collections. Elles atteignirent un degré de richesse hors de proportion avec ses ressources personnelles, et l'on se demande où il trouvait l'argent nécessaire à toutes ses acquisitions et à ses voyages. Les faits de ce genre sont cependant moins rares qu'on ne pense, il semble que le ciel ait des faveurs particulières pour les vrais collectionneurs, et M. Delisle a cité très à propos l'heureux et habile Sauvageot comme un exemple, dans notre siècle, de ces bonnes fortunes[1].

Les goûts de Gaignières n'étaient pas limités à un genre unique; si les documents généalogiques et héraldiques paraissent avoir formé le premier fond de son cabinet; si nous le voyons lié avec le P. Ménestrier, l'auteur de la *Méthode du blason,* « qui met tout son cabinet à sa disposition[2], » et si en ces matières spéciales sa compétence était tellement reconnue que d'Hozier lui-même le consulte sur des armoiries[3], ses recherches n'avaient pas tardé à s'étendre à toutes les branches de la curiosité.

Ainsi, outre de précieux manuscrits, dont les principaux sont cités et appréciés par M. Delisle[4], et une immense quantité de lettres et de pièces historiques, provenant en grande partie des archives de la maison de Guise, il avait formé une remarquable collection de portraits. Portraits peints, portraits gravés, il recueillait tout, mais principalement au point de vue historique, restant ainsi dans le domaine de la biographie et des généalogies. L'aimable Coulanges, si connu par les lettres de Mme de Sévigné, lui écrit à ce sujet de Lyon, le 30 septembre 1680 :

1. Delisle, *Cabinet des manuscrits,* t. I, p. 349.

2. Bibl. nat., ms. fr. 24988, fol. 280.

3. Id., 24987, fol. 404 à 424. — Ils se brouillèrent dans la suite et l'on a des lettres de d'Hozier (Bibl. nat., cabinet de d'Hozier, dossier 3936; Clair., t. 923, fol. 48), où il reproche vivement à Gaignières d'avoir abusé du facile accès qu'il lui avait donné dans son cabinet. Mais voici comment se prononce sur ce différend un juge dont la parfaite compétence ne saurait être mise en doute : « Heureusement, » écrit M. Delisle, t. I, p. 347, du *Cabinet des manuscrits,* « ce que nous savons de l'humeur du célèbre généalogiste doit nous mettre « en garde contre des assertions qui sont en complet désaccord avec les observa- « tions qu'on peut faire sur le cabinet de d'Hozier, comme sur celui de Gai- « gnières. »

4. Delisle, *Cabinet des manuscrits,* t. I, p. 348.

Commant vont les petits portraits? N'en n'avez-vous point fait quelque acquisition depuis mon despart? Ne m'en faites pas mistère. Blondeau me fit voir en partant un petit comte de Soissons qu'il me semble que vous n'avés point deu négliger. Je l'aurois pris si je n'en avois point eu un, comme vous scavés. Croyés-moy, ne négligés point la curiosité des portraits[1].

Dans une autre lettre, Coulanges est toujours en quête de portraits et sur le point d'acheter huit Corneilles fort beaux; on doit entendre par là des œuvres de Claude Corneille, célèbre peintre du XVIe siècle. Il revient ailleurs sur ces Corneilles, qu'il ne peut avoir, et parle d'un château des environs de Lyon rempli de portraits. Nous le voyons même envoyer à Gaignières le portrait d'une dame *très connue et très renommée*, que malheureusement il ne nomme pas[2]. Ailleurs, il mentionne un grand portrait de Monsieur le Prince (le grand Condé), par Juste, qu'il n'a pas laissé échapper pour sa galerie d'Ormesson et qu'il croit original. Ce portrait venait de la vente du maréchal de Marsin[3]. Coulanges possédait donc lui aussi un cabinet de portraits. On a dit qu'il avait rapporté ce goût d'Italie, où il accompagna le duc de Chaune, ambassadeur à Rome, en 1689-1690, mais il l'avait auparavant et ne fit que l'y perfectionner. Sa galerie était même intéressante, puisque nous voyons Gaignières y conduire Mlle de Guise[4].

On trouve dans les *Chansons choisies* de Coulanges un couplet, très probablement inspiré par la collection de portraits de Gaignières :

Tout portrait doit ici paroistre,
Il y faut estre
Grands et petits;
De l'oubli le portrait délivre,
Il fait revivre
Nos vieux amis[5].

Mais le volage petit homme devait bientôt changer de goût; car une pièce du même recueil nous offre les passages suivants :

Mon goût n'est plus pour les tableaux,

1. Bibl. nat., ms. fr. 24986, fol. 363.
2. Id., 24986, fol. 365.
3. Id., 24986, fol. 405.
4. Id., 24986, fol. 376.
5. Coulanges, *Chansons choisies*, nouv. édit. Paris, 1754, p. 41.

J'aime les cornalines,
Les agathes et les cristaux,
Toutes les pierres fines.
Je me contentois de portraits
Et de pots de fayence;
Ils avoient pour moi des attraits
Par leur peu de dépense;
D'un goust d'une autre qualité
Mon appêtit s'aiguise.
Hélas ! c'est toi qui m'as gasté
Brillant hôtel de Guise[1].

Il s'agit encore ici des collections de Gaignières qui comprenaient toutes sortes de curiosités et se trouvaient alors à l'hôtel de Guise. Toute la correspondance de Coulanges est pleine d'esprit et de gaieté; l'on y rencontre fréquemment de ces couplets faciles comme il savait si bien les tourner.

Voici une lettre de lui, tout entière en simple prose, mais où il est question de petits portraits que nous retrouverons dans la collection de Gaignières.

Ce 7 octobre 1694.

Comme nous menons icy une vie fort unie et fort peu sujette aux adventures, cela fait, mon très cher Monsieur, que je n'ay rien d'agréable à vous mander, et je le voudrois fort pourtant, pour vous récompenser des jolies lettres que vous m'écrivés; elles me font toujours beaucoup d'honneur en toutes façons et beaucoup de plaisir, par les tesmoignages que vous m'y donnés de l'honneur de vostre amitié dont je vous demande instament la continuation. Je suis très aise que vous ayés pris Monsieur le comte de Soissons, il me faschoit de voir passer ce petit portrait en des mains estrangères. Pour moy, j'ay trouvé quatre ou cinq portraits qui pourront augmenter le nombre des petis, comme qui diroit : une Marie de Médicis, un Henry quatre, une Mme de Bar, sa sœur et un maréchal de Saint-Luc. Et si vous me demandés où je les ai trouvés : dans une hostellerie, en venant; n'est-ce pas là une heureuse adventure? Amassés-en, je vous en prie, pendant mon absence et croyés que j'en auray tout autant de joie que si vous les amassiés pour moy. Je me suis deffait de toute curiosité, ainsy je me suis deffait de la jalousie; voilà un style que vous

1. Coulanges, *Chansons choisies*, p. 210 : *A Madame la duchesse de Nemours.*

cognoissés bien et des parolles auxquelles vous n'adjoustés guère de foy, et je pense en vérité que vous avés raison. Adieu, Monsieur, je vous embrasse de tout mon cœur et suis mil fois plus à vous que je ne vous le puis dire. Madame de Coulanges et Madame de Sauzay vous font leurs compliemens et vous rendent mil grâces de vostre souvenir. Je ne partiray d'icy qu'après la Saint-Martin, ainsy il vous en coustera encore quelsques (*sic*) lettres.

(Pas de signature, mais un signe ayant l'apparence d'un 8 barré et répété trois fois.)

(*Au dos, de la main de Gaignières :*) Mr de Coulanges[1].

Gaignières paraît aussi fort lié avec Mme de Coulanges ; en 1680, elle le chargera, en quittant Paris, de surveiller une maison qu'elle faisait construire[2].

Notre amateur n'avait pas besoin d'être stimulé par Coulanges ; une partie de sa volumineuse correspondance roule en effet sur des acquisitions, échanges ou envois de portraits. Clément, bibliothécaire en second de la Bibliothèque royale, dont il a fait le catalogue, l'engage à revenir à Paris pour la vente du cabinet de M. Boucot, « dans lequel, outre tant de bijoux et de raretez, il y a, « dit-on, treize ou quatorze mil portraits. Je voudrois, » ajoute-t-il, « vous voir à mesme pour en prendre à vostre choix, mais les « sieurs Moette et Boudot, qui ont acheté la bibliothèque entière « pour 18,000 livres, prétendent vendre tout au plus offrant[3]. » Gaignières rassemble donc des portraits de toutes parts et ses amis se plaisent à enrichir son cabinet. Lambert, probablement le collectionneur, envoie le portrait de sa mère et la gravure d'un tableau qu'il avait fait peindre par Coypel, dont le sujet n'est pas indiqué[4]. M. de la Ferté fait cadeau d'un portrait qu'il croit être celui de Mme de Montespan à quinze ans, peint par Troyes. Il désirerait beaucoup le voir figurer dans le grand cabinet, si on peut le mettre carré, au cas contraire, il faudra qu'il aille dans le cabinet auxiliaire[5].

M. de la Valette lui propose, de Lyon, d'acheter des *Corneilles*, et annonce qu'il a déterré treize ou quatorze cents por-

1. Bibl. nat., ms. fr. 24986, fol. 380.
2. Id., 24986, fol. 412-416.
3. Id., 24986, fol. 220.
4. Id., 24988, fol. 49.
5. Id., 24987, fol. 96.

traits gravés chez un ecclésiastique[1]. Le savant Obrecht, Alsacien, lui fait parvenir les œuvres des graveurs de Strasbourg, de Nuremberg et d'Ausbourg[2]. Un sieur Noblet est chargé d'acheter à Rome des estampes[3]; les bénédictins de Saint-Jouin de Marnes, en Poitou, adressent une pleine boîte de portraits, parmi lesquels se trouvent un François Ier et un connétable de Bourbon, qui, très probablement, étaient du XVIe siècle.

Cette abbaye semble avoir été pour Gaignières une mine singulièrement féconde; il y avait séjourné et copié le cartulaire que nous avons publié en 1854[4]. L'un des religieux, Dom Charles Conrade, mande, le 28 janvier 1700 :

Je ne scai, Monsieur, si les trois portraits de la Palisse, de George et de Pierre d'Amboise que je vous ai envoïé, il y a environ trois mois, seront arrivez heureusement à l'hôtel de Guise...? J'allai hier à la chasse pour vous à Oyron; j'y fis capture de huit portraits dont voici les noms : Marguerite de Valois, sœur de François Ier; la princesse d'Orange, fille du duc de Saxe; Artus de Gouffier; Héleine de Genlis, grande maîtresse de France; Marie, fille du roi de Sicile, femme de Charles VII, morte à Meuns; une dame de Canaple; une dame à ce qu'on croit d'Harcourt, qui a la face un peu effacée, et une Françoise de Bretagne, grande écuïère de France... Les principaux et les meilleurs m'ont été donnez par Mr Desroches, qui me demande pour toute récompense quelques livres curieux, entre autres le Télémaque attribué à Mr de Cambray; les autres m'ont coûté peu de choses[5].

Le 15 avril de la même année il écrit :

J'envoïai à Oiron, pour avoir les vingt tableaux (précédemment marchandés et qu'on faisait 40 francs); celui qui fut chargé de la commission joua si bien son rôle qu'il les a eu pour dix écus, et même un vingt-unième pardessus le marché, qui est un duc de Bourgogne. Guillaume de Montmorenci est brisé en deux, aussi bien que Bethune, que vous reconnoîtrez, parce qu'il est le plus petit de tous... Vous trouverez encore une Polignac, vicontesse de Turenne, et une espèce de petite Madelaine. Tout cela a été quêté et donné gratis. Ils

1. Bibl. nat., ms. fr. 24991, fol. 448.
2. Id., 24990, fol. 322.
3. Id., 24988, fol. 290.
4. *Cartulaire de Saint-Jouin-de-Marnes*, en Poitou, 1 vol. in-8°. Niort, L. Favre, 1854.
5. Bibl. nat., ms. fr. 24986, fol. 343.

sont tous renfermé dans une caisse et bien empactez, à l'exception de quatre grands qui n'ont pas pu y entrer, savoir : Jean pris devant Poitiers, le duc de Bourgogne, qui est fort gâté, celui qui porte la devise à son chapeau et le duc de Guise, le Balafré[1].

Le 27 juin 1700, après avoir parlé d'un connétable de Bourbon qu'on ne peut avoir, il ajoute :

On m'en apporta hier un autre de la grandeur d'un pied et demi. L'inscription qui est en haut est telle : Jean, fils de Philippe le Hardi, IIme duc de Bourgogne, qui fut tué à Montereau-Faut-Yonne. Il est revêtu d'une espèce de camail rouge et a la tête tondue aux ciseaux. Je ne vous l'enverrai point que je n'aie fait un dernier effort pour avoir ceux de Loudun[2].

On ne voit point quel succès final eut la tentative faite à Loudun, mais il serait difficile de trouver un intermédiaire plus zélé et plus habile que cet excellent bénédictin.

Comment ces précieuses peintures se sont-elles trouvées en si grand nombre dans une bourgade telle qu'Oiron, qui probablement n'a jamais compté un millier d'habitants ? Elles provenaient vraisemblablement du magnifique château bâti à Oiron, au milieu du XVIe siècle, par les Gouffier, qui avaient à un haut degré le goût des arts, comme en témoignent, non seulement les exquises sculptures de la chapelle, mais encore les délicieux crayons conservés à Aix et un Raphaël aujourd'hui au Louvre, qui leur ont appartenu. Ce château, devenu, à l'époque qui nous occupe, la propriété du duc de la Feuillade, puis de Mme de Montespan[3], subit, pour être mis au goût du jour, de fâcheuses restaurations. Les riches mais lourds ornements qu'on y voit encore prirent la place des élégances du XVIe siècle, et les délicates peintures du vieil art français réunies par les Gouffier furent reléguées au grenier ou vendues à vil prix ; c'est ainsi que quelques-unes d'entre elles ont passé dans le cabinet de Gaignières.

Parmi les portraits mentionnés par Dom Charles Conrade, il faut remarquer celui du roi Jean, qui nous paraît bien être la peinture archaïque conservée à la Bibliothèque nationale, et que nous

1. Bibl. nat., ms. fr. 24986, fol. 347.
2. Id., 24986, fol. 349.
3. Mme de Montespan avait acheté Oiron du duc de la Feuillade, le 15 avril 1700, au nom des enfants du duc d'Antin, son fils.

savons venir de chez Gaignières[1]. On a cru qu'avant d'entrer dans son cabinet elle avait passé par la collection Colbert, parce que, au revers du panneau de bois, sur lequel elle est peinte, se trouve un cachet de cire rouge aux armes de Colbert. C'est là une erreur de Le Prince, qu'il importe de rectifier, car nous la trouvons dans l'excellent catalogue du musée de Versailles, par M. E. Soulié. Ce cachet et ces armes n'appartiennent pas à Jean-Baptiste Colbert, le grand ministre de Louis XIV, mais à Colbert de Torcy, son neveu, secrétaire d'État des affaires étrangères à l'époque de la mort de Gaignières, et dans le département duquel était la Bibliothèque royale, héritière de notre collectionneur, comme on le verra plus loin. Pendant la rédaction des inventaires qui suivit la donation, le cachet du ministre fut apposé derrière les tableaux. On lit en effet dans un mémoire de Clairambault à Torcy : « Je crois « que quand on pourra entrer dans les lieux où sont les effets du « Roy, sans formalité, qu'il faudroit mettre un cachet de vos armes « derrière chaque tableau pour éviter qu'ils ne soient changés, tant « sur les lieux qu'au transport, et écrire les noms derrière les « portraits quand ils ne seront pas écrits. »

En marge, on lit de la main de Torcy : « La précaution de « mettre un cachet derrière chaque tableau est nécessaire. » Au-dessous de ces notes, on voit encore le cachet de Torcy en cire rouge : la couleuvre la tête à droite, entourée du double collier des ordres, couronne de marquis[2]. Voilà certainement la raison pour laquelle la couleuvre de Colbert figure au dos des portraits du roi Jean, de la reine Élisabeth et de bien d'autres, aujourd'hui conservés au Louvre, à Versailles et dans diverses collections particulières. Nous nous réservons de revenir à la fin de cette étude sur cette question intéressante dont la solution permet de rendre à la collection Gaignières un grand nombre de peintures historiques que l'on croyait jusqu'ici provenir de celle de Colbert.

Ces collections étaient formées plutôt au point de vue historique qu'à celui de l'art. On voit en effet les amateurs se prêter réciproquement les portraits qu'ils possèdent, pour les faire copier et compléter leurs séries. Ainsi, Coulanges envoie à Gaignières le portrait de l'abbé Fouquet, frère du surintendant, pour qu'il en

1. On verra dans l'appendice que ce portrait provenait de l'hôtel Saint-Paul, où il ornait le cabinet de Charles V.

2. Bibl. nat., ms. Clair. 1032, p. 228.

prenne une copie[1]; M. Desloges lui adresse un jeton de la maison du Bellay, et le prie en échange de lui prêter une petite estampe de du Bellay, chevalier des ordres[2]; M. de Nointel, intendant de Tours, écrit de Laval le 13 juin 1688, offrant de faire copier des portraits : « Un assez bon peintre, dit-il, les copieroit à un louis « la pièce[3]. » Le maréchal de Villeroy demande celui de Scanderberg pour le faire copier. Souvent, on priait des personnages vivants de donner ou de laisser faire leurs portraits. Le cardinal d'Estrée demande à Gaignières la mesure du portrait qu'il désire pour sa galerie, afin qu'il soit servi au plus tôt[4]; l'abbé d'Estrée est peint pour le même cabinet[5], le duc de Sully remercie Gaignières « de vouloir bien mettre sa figure parmi celles de tant de personnes célèbres[6], » et Gaignières, lui aussi, fait faire des copies de ses portraits pour M. de Reffuge[7] et pour bien d'autres.

Au milieu de ces recherches qui embrassaient les médailles, les jetons, les porcelaines, les livres, les manuscrits et les curiosités de toutes sortes, un grand changement s'était opéré dans la vie de Gaignières. Mlle de Guise était morte à Paris, en son hôtel, le 3 mars 1688. Demeurée seule héritière de sa maison, elle avait adopté une vie très retirée, remplie par des exercices de piété et des bonnes œuvres, faisant de fréquentes retraites à l'abbaye de Montmartre, où elle avait un appartement meublé et dont sa sœur était abbesse. Elle vécut ainsi quelques années n'ayant conservé de la splendeur de sa maison qu'une nombreuse domesticité. Avec elle s'éteignit cette forte race des Guises qui, un siècle auparavant, avait été au moment de ravir la couronne aux héritiers de saint Louis. Mlle de Guise fut enterrée selon son désir à l'abbaye de Montmartre; et, comme tout ce qui ne tenait pas de près à la Cour ne comptait guère alors dans le grand monde, sa mort serait passée presque inaperçue, sans les débats auxquels donna lieu sa riche succession évaluée 6,618,881 liv. 16 s. 3 d., dans un inventaire dressé en 1697.

Gaignières se trouva porté sur son testament pour une pension

1. Bibl. nat., ms. fr. 24986, fol. 386.
2. Id., 24987, fol. 11.
3. Id., 24990, fol. 295.
4. Id., 24987, fol. 49.
5. Id., 24987, fol. 54.
6. Id., 24991, fol. 414.
7. Id., 24991, fol. 136.

de 1,200 liv., « outre et pardessus ses carosses et un attelage dont « la duchesse lui fesoit dons et legs. » C'était une assez mince récompense de ses longs services, et une faible compensation des avantages perdus de ses fonctions d'écuyer; les amis et correspondants en témoignent leur étonnement. Gaignières reçut à l'occasion de cette mort de nombreuses lettres de condoléances, parmi lesquelles nous citerons un billet de Mme de Sévigné, qui prouve des relations antérieures dont il n'existe dans la correspondance aucune autre trace.

Mardy (9 mars 1688).

J'ay tenté plusieurs fois, Monsieur, d'entrer à l'hôtel de Guise pour vous faire mes sincères compliemens, et vous dire la douleur que j'ay moy-mesme de la perte iréparable que nous avons faite; mais vous savés, Monsieur, come les portes sont fermées; j'ay envoyé un de mes laquais, qui ne trouva personne chez vous; enfin, je suis réduite à vous dire par ce billet que personne ne peut estre plus sensible que moy à tout ce qui vous touche.

La M. de Sévigné.

(*Suscription* :) Pour M. de Ganière[1].

Mme la comtesse de Beaumanoir-Lavardin lui écrit de Rome, où son mari était ambassadeur, et parlant, le 14 mars 1688, de la maladie de Mlle de Guise, déjà morte, mais dont elle ignorait le décès : « Si, par hazard, le malheur vous arivoit, » dit-elle, « et « que l'on pût ne vous pas estre inutile, contez sur nous plus que « sur persone du monde[2]. » Le 30 mars, instruite de la mort et de la clause du testament relative à Gaignières, elle trouve que Mlle de Guise a mal reconnu en mourant le mérite de son écuyer et l'engage instamment, ainsi que son mari, à venir les rejoindre à Rome[3].

Mme de Beaumanoir était une Noailles, sœur du duc; presque tous les membres de son illustre famille entretinrent avec Gaignières des relations très suivies. Leurs lettres abondent et montrent qu'il avait en eux de véritables amis. Le comte de Beaumanoir lui écrit, comme sa femme, sur un ton très affectueux, lui recommande ses intérêts à la Cour et lui parle même de ses embarras personnels. Tous les deux lui cherchent à Rome des portraits de

1. Bibl. nat., ms. fr. 24991, fol. 397.
2. Id., 24985, fol. 90.
3. Id., 24985, fol. 106.

cordons bleus italiens. Le cardinal de Noailles, encore évêque de Cahors, le prie, en octobre 1679, de surveiller le portrait que de Troyes fait de son père[1]. Devenu évêque-comte de Châlons, il lui dira le 2 avril 1688, à propos de la mort de Mlle de Guise : « Je « suis fort aise que Mad^lle^ de Guise vous ait donné avant sa mort « d'aussi grandes marques d'estime et de considération, et je suis « fort fâché qu'elle ne l'ait pas fait paroître davantage dans son « testament. Je souhaitte de tout mon cœur que vous deveniez « plus heureux dans la suitte[2]. »

Le duc de Noailles (Anne-Jules), maréchal de France, témoigne à Gaignières beaucoup d'amitié et de considération ; il lui adresse des relations détaillées de ses actions de guerre sur les frontières d'Espagne, se met à son service auprès de la cour ; dans ses lettres, la supériorité du rang et des dignités est toujours tempérée par une exquise et affectueuse politesse[3]. Il en est de même du marquis, du bailli, du chevalier de Noailles et des autres membres de la famille ; tous, non seulement s'intéressent vivement à ce qui touche Gaignières, mais encore lui font part de ce qui peut leur arriver d'heureux ou de contraire. Les dames de la famille ne paraissent pas les moins attachées à Gaignières ; nous avons vu en quels termes il était avec Mme de Beaumanoir-Lavardin ; la duchesse de Guiche, fille du duc de Noailles, lui écrit, à propos d'une pension accordée à son mari par le roi : « Je vous assure « que vostre compliment m'est fort agréable ; je serois fort affligée, « Monsieur, sy les sentiments que vous avés pour ma famille ne « s'estendoient pas jusques à moy, et l'amitié d'un homme aussy « plein de mérite que vous l'este ét tout à fait désirable. Ne me « distingués donc pas, je vous prie, Monsieur, de ma famille et « faite-moy marcher d'abord après mon père et ma mère[4]. »

La duchesse de la Vallière, sœur de la précédente, s'adresse à lui en ces termes : « Je conte sur vous conme sur une très « ancienne connoissance et un très véritable ami de toute nostre « maison ; aussi nous vous aimons tous et moy, en mon particu- « lier, vous honore plus que persónne[5]. »

Les Noailles n'étaient pas les seuls gens du grand monde en

1. Bibl. nat., ms. fr. 24990, fol. 11.
2. Id., 24990, fol. 57.
3. Id., 24990, fol. 118 à 172.
4. Id., 24987, fol. 284.
5. Id., 24988, fol. 92.

relations avec Gaignières; nous relevons dans ses portefeuilles de nombreuses lettres des ducs de Beauvilliers, de Villeroy, de Sully et de Boufflers, des marquis d'Ussé, de Montrevel, de Chamilly, des comtes de Tessé, de Guitaud, de Chastellux, etc. Ces lettres ne sont pas de simples billets de politesse; elles indiquent, pour la plupart, des rapports suivis et témoignent de réels sentiments d'amitié.

Le maréchal duc de Boufflers lui écrit dans les termes suivants :

L'accablement où j'ay esté de la perte de mon second fils, le long séjour que j'ay fait à Versailles, à cause de la maladie dangereuse de M. le duc de Guiche, et une indisposition assez grande que j'ay eue depuis douze ou quinze jours, de laquelle je ne suis pas encore entièrement quitte, m'ont empesché, Monsieur, de vous marquer l'inquiétude que j'ay eue de votre dangereuse maladie, et combien véritablement je m'intéresse à votre conservation et à tout ce quy vous touche. Je vous suplie, Monsieur, de croire que personne ne peut y estre plus sensible que moy et ne vous honore plus que je fais. Rendez-moy cette justice, et soyez persuadé qu'il ne se peut rien adjouster à la passion avec laquelle je suis, Monsieur, très parfaitement à vous.

Le maréchal duc DE BOUFFLERS[1].

Le marquis d'Ussé, Louis Bernin de Valentinay, qui avait épousé la fille du maréchal de Vauban, possédait en Touraine le beau château d'Ussé, encore debout et bien conservé, où Gaignières séjourna dans un de ses voyages, car on en trouve dans ses portefeuilles plusieurs vues, prises en 1699. Une lettre, datée seulement du 28 juin, montre en quels termes il était avec le marquis et la marquise :

Je suis très persuadé, Monsieur, que je serois chargé de vous faire bien des complimens de la part de Mme de Valentiné, si elle estoit icy, et de vous dire que l'on est trop heureux de pouvoir faire plaisir aux personnes de vostre distinction, et que, les occasions se rencontrant si rarement de le faire, on doit en profiter le mieux que l'on peut. Voilà, Monsieur, ce qu'elle m'ordonneroit de répondre au remerciement que je dois luy faire de vostre part..... On m'écrit de Grenoble que l'on y a trouvé un beau titre d'un comte de Genève, qui fait hommage

1. Bibl. nat., ms. fr. 24985, fol. 368. — Le second fils de Boufflers, Louis-François, mourut le 24 décembre 1706, selon le P. Anselme; cette lettre est donc des premiers mois de 1707.

à nos roys pour la terre sur laquelle Genève est bastie; c'est de quoy l'on n'avoit point encore entendu parler, et, si le tems des réunions n'estoit pas passé, je ne doute pas que l'on ne fît bien valoir cet acte[1].....

Nous pourrions multiplier ces citations, mais il faut se borner; voici encore cependant une lettre du comte de Guitaud, bien connu par la correspondance de Mme de Sévigné :

D'Espoisse, ce 6 novembre.

Je reçoy, Monsieur, avec beaucoup de plaisir, les marques que vous me donés de vostre amitié sur l'acouchement de ma femme, et je vous en suis infiniment obligé; elle vous en fait icy ses remerciemens, et je vous suplie de croire que je me trouverois fort heureux si je pouvois vous rendre quelque service. J'en ay toujours eu l'intention, mais elle n'a eu aucun effect; vous ne laissés pas cependant de me la conter pour beaucoup, puisque vous vous en souvenés. Je suis très sensible à vostre honesteté, Monsieur, et je souhaite passionnément d'avoir un peu de part dans vos bonnes grâces, que j'estime extrêmement; vous pouvés compter sûrement là-dessus, et que je suis de tout mon cœur vostre très obéissant serviteur,

GUITAUD[2].

Au dos, de la main de Gaignières : M. de Guitaud, 6 novembre 83.

Grâce à ces relations nombreuses et variées, dont Gaignières savait très bien tirer parti pour ses collections, celles-ci s'accrurent à un point tel qu'elles se trouvèrent très à l'étroit dans le logement qu'il occupait à l'hôtel de Guise, devenu plus tard l'hôtel de Soubise et aujourd'hui affecté aux Archives nationales. Ce logement se composait de quatre pièces au-dessus de l'orangerie, avec vue sur le vaste jardin de l'hôtel. C'était bien suffisant pour un célibataire, mais trop exigu pour les collections sans cesse grandissantes. Aussi Gaignières songea-t-il, même avant la mort de Mlle de Guise, à leur préparer un asile plus en rapport avec leur importance. C'est dans ce but qu'il fit bâtir, à une autre extrémité de Paris, une maison sur laquelle nous reviendrons.

La première mention de cette maison se rencontre dans une lettre du chevalier de Noailles du 25 mai 1685; elle était alors en construction et devait être terminée à la mort de Mlle de Guise, en 1688. Nous lisons en effet dans une lettre de Huet du 29 mai 1687 :

1. Bibl. nat., ms. fr. 24991, fol. 517.
2. Id., ms. fr. 24987, fol. 297.

« Votre maison est louée, j'en suis fort aise : vous avez fait comme « ceux qui n'épargnent rien pour bien eslever une fille, puis ils s'en « défont. La différence qu'il y a, c'est qu'un père donne de l'ar- « gent avec sa fille, et qu'en abandonnant votre ouvrage pour un « peu de temps, il vous en revient du profit[1]. » Cet abandon dura plus longtemps que ne l'eût souhaité notre collectionneur et ne paraît même pas avoir mis fin à ses ennuis, car, dix ans plus tard, en novembre 1697, Fénelon lui mandera de Cambray : « Cette « belle maison, qui devoit vous donner tant de comoditez et de « plaisirs, vous cause du chagrin et de l'embarras. » Gaignières avait peut-être connu Fénelon par les Noailles, avec lesquels tous deux étaient liés, et nous croyons qu'il fut, au moins pendant un certain temps, attaché à l'éducation du duc de Bourgogne, bien que le fait ait été contesté. Le Prince l'affirme[2], et un passage d'une lettre de Fénelon, que nous donnons plus loin in extenso, le laisse suffisamment entendre. Nous y lisons en effet : « Mon- « sieur Moreau peut vous dire que nous parlons souvent de vous « avec plaisir en présence de M. le duc de Bourgogne ; que j'ai « demandé fréquemment des nouvelles de votre santé, à laquelle « je prends un singulier intérest, et que j'ai murmuré bien des « fois de ce que *vous nous avez abandonnez.* »

Cette retraite, causée peut-être par le mauvais état de la santé de Gaignières, n'avait pas altéré ses excellents rapports avec Fénelon. Plusieurs lettres de ce dernier marquent un attachement plein d'estime ; elles nous ont semblé charmantes et, comme nous les croyons inédites, nous les reproduisons ici, bien persuadé qu'on ne doit rien laisser périr de ce qu'a produit, même au courant de la plume, l'un de nos plus excellents écrivains.

Je vous envoye, Monsieur, malgré vous, la déclaration du roi d'Angleterre, et je voudrois bien avoir quelque chose de meilleur à vous envoyer. Je m'imagine que vous allez partir pour votre voyage de curiosité. Je voudrois bien que Versailles ne fût pas si neuf et que

1. Id., 24987, fol. 436.

2. *Essai sur la Bibliothèque du Roi*, p. 231. Édition de L. Paris. — Au témoignage de Le Prince, on doit joindre celui de M. Joly, qui, dans l'inventaire manuscrit du Cabinet des estampes, écrit sous les numéros 1595-1608, à propos des recueils de monuments provenant de Gaignières : « Cette collection avait « été formée par M. de Gaignières, *l'un des instituteurs des enfants de France* « *sous Louis XIV.* » Plus loin, il dit que le duc de Bourgogne était son *pupille.*

quelque antiquaille pût vous y attirer. Peut-être qu'à votre retour vous daignerez vous rabattre ici; vous savez, Monsieur, quelle joye vous causerez toujours à votre très humble et très obéissant serviteur.

A Versailles, 15 may (1689).

L'abbé de Fénelon[1].

A Versailles, 18 septembre (1689).

Je vous envoye, Monsieur, la lettre que vous souhaittez pour M. l'Év. d'Angers. Je l'estime assez pour croire que vous n'aviez aucun besoin de ma recommendation; mais vous l'avez voulue et je n'ai qu'à vous obéir. Je souhaitte que nous vous revoyons, aprez Fontainebleau, chargé des dépouilles antiques des monastères et en bonne santé. Je vois bien que vous faittes le chevalier errant, j'en rirai s'il vous plait avec nos amis. Vous n'en aurez jamais aucun, Monsieur, qui surpasse l'attachement avec lequel vous honore votre très humble et très obéissant serviteur.

L'abbé de Fénelon[2].

A Versailles, 11 décembre 1692.

J'ai reçu, Monsieur, la lettre que vous m'avez fait l'honneur de m'écrire, et je ressens comme je le dois tous vos soins. J'en ferai l'usage que vous voulez que j'en fasse. Pour ma santé, dont vous me demandez des nouvelles, elle va toujours son train et je me trouve fort heureux de n'être jamais malade. Madame la duchesse de Noailles prétend l'être, et se fâche si on refuse de le croire; elle est si grosse que je crois qu'elle ne le sera pas longtems. Personne ne vous honorera jamais, Monsieur, plus cordialement que votre très humble et très obéissant serviteur.

L'abbé de Fénelon[3].

A Versailles, 17 février 93.

Votre procédé, Monsieur, a été régulier et louable sur la maison, comme sur tout le reste; la personne a eu des raisons qui ne vous regardent en rien pour prendre un autre parti. Vous avez trop de bonté de me témoigner tant d'égards. Vous ne pouvez aimer un

1. Bibl. nat., ms. fr. 24987, fol. 66. — Cette lettre et la suivante portent au dos un 9 qui paraît de la main de Gaignières; nous croyons que ce chiffre indique l'année 1689, d'autant mieux que la déclaration ou proclamation du roi Jacques II est du mois de janvier 1689.

2. Bibl. nat., ms. fr. 24987, fol. 68.

3. Id., 24987, fol. 70.

homme qui soit plus parfaittement que moi, Monsieur, votre très humble et très obéissant serviteur.

L'abbé DE FÉNELON[1].

Vos compliments sont superflus, Monsieur, il ne me reste rien à apprendre de la bonté de votre cœur pour moi ; le mien est malade de ne pouvoir vous donner de bonnes marques de tout ce qu'il sent pour vous. Les gens de mon païs à qui je m'adresse pour avoir les papiers ne sont pas aussi vifs là-dessus que vous l'estes, et il faut que je me contente d'aller leur train. Il me tarde, Monsieur, d'être à Versailles, puisque c'est de là que je puis espérer l'honneur et le plaisir de vous embrasser.

A Noisy, 24 juillet.

L'abbé DE FÉNELON.

(*Au dos, de la main de Gaignières :*) 24 juillet 93[2].

Versailles, 29 décembre.

Un compliment qui me vient de vous, Monsieur, est une chose trop inutile. Corrigez-vous de telles fautes. Je sai combien vous prenez de part à tout ce qui me touche, je le sai par des marques bien plus effectives qu'un compliment. Aimez donc sans façon, Monsieur, et retranchez les assurances pleines de cérémonies.

Vous savez comment je dois être à vous.

L'abbé DE FÉNELON.

(*Suscription :*) A Monsieur, Monsieur de Gaignières, à l'hôtel de Guise, à Paris.

(*Au dos, de la main de Gaignières :*) 29 décembre 94[3].

Versailles, 15 mars.

Les marques de l'honneur de votre souvenir, en quelque occasion qu'elles viennent, me font toujours, Monsieur, un plaisir sensible. J'espère que vous ne laisserez point finir le quartier de M. le duc de Noailles sans le venir voir, et que ce sera une occasion de vous donner le livre huguenot dont vous me demandez si obligeamment le titre. Comme mes affaires sont les vôtres, je voudrois bien en revanche faire des vôtres les miennes. Personne ne vous honorera

1. Bibl. nat., ms. fr. 24987, fol. 72.
2. Id., 24987, fol. 74.
3. Id., 24987, fol. 76.

jamais, Monsieur, plus parfaittement que votre très humble et très obéissant serviteur.

L'abbé DE FÉNELON[1].

Je vous suis sensiblement obligé, Monsieur, de l'attention que vous avez à tout ce qui me touche. Vous ne sauriez jamais aimer un homme qui vous aime et qui vous honore plus cordialement que moi. M. Moreau peut vous dire que nous parlons souvent de vous avec plaisir, en présence de M. le duc de Bourgogne, que j'ai demandé fréquemment des nouvelles de votre santé, à laquelle je prends un singulier intérest, et que j'ai murmuré bien des fois de ce que vous nous avez abandonnez. Voilà, Monsieur, quelle est ma situation à votre égard. Elle sera toujours la même, et vous pouvez compter que vous aurez en moi, toute ma vie, un ami et un serviteur plein d'estime, de confiance et d'attachement. Je connois votre cœur, et le mien est rempli des sentiments qui vous sont dus. Je vous les dois plus qu'un autre, parce que je vous connois mieux et que j'ai reçu plus de marques de l'honneur de votre amitié. Je suis à toute épreuve, Monsieur, votre très humble et très obéissant serviteur.

Versailles, 7 mars 97.

Fr., arch. duc DE CAMBRAY.

(*Au dos est écrit* :) A M. de Gaignières, à l'hôtel de Guise, à Paris[2].

Je suis pénétré, Monsieur, des marques de la bonté de votre cœur; je le connois et je m'y confie depuis longtems. Il y en a bien peu dans le monde de semblables. Ce qui m'a le plus affligé, c'est ce qui m'est venu par un de vos anciens amis, pour qui j'ai toujours eu beaucoup de respect et d'attachement. Mais ne parlons plus de mes peines; c'est des vôtres dont je suis inquiet.

Cette belle maison, qui devoit vous donner tant de comoditez et de plaisirs, vous cause du chagrin et de l'embarras. Je crains même que les affaires ne nuisent à votre santé. Je souhaitterois que vous pussiez faire des voyages de curiosité et que notre frontière pût vous tenter. Vous y trouveriez une infinité de monuments, surtout dans les abbayes. Personne ne vous honnorera jamais tant du fonds du cœur, ni avec un attachement qui soit, Monsieur, plus à toute épreuve que votre très humble et très obéissant serviteur.

Fr., arch. duc DE CAMBRAY.

A Cambray, 11 novembre 1697[3].

1. Bibl. nat., ms. fr. 24987, fol. 86. — Date incertaine, mais antérieure à 1697.
2. Id., 24987, fol. 79.
3. Id., 24987, fol. 82.

A Cambray, 3 février 1707.

On ne peut être plus vivement touché que je le suis, Monsieur, et des marques de votre amitié et du fâcheux état où vous m'apprenez que votre santé se trouve. Je vous conjure de me faire écrire sans façon ce que les remèdes opéreront pour vous soulager. De ma part, je ne manquerai pas de prier Dieu pour votre conservation, qui m'est véritablement chère. Il est bien rare de trouver un cœur comme le vôtre. Vous vous souvenez trop d'une bonne volonté sans effet. Ce qui est certain, c'est que je vous ai toujours aimé et honoré. Votre droitture, votre bonté de cœur et votre goust pour la vertu méritent ces sentiments. Je serai toute ma vie, du fond du cœur, Monsieur, votre très humble et obéissant serviteur.

Fr., ar. duc DE CAMBRAY[1].

Ces lettres de Fénelon, où l'estime la mieux sentie se joint à un véritable attachement, font grand honneur à Gaignières, dont les liaisons avec les membres du clergé les plus distingués par leurs vertus et leurs talents, sont prouvées surabondamment dans d'autres parties de sa correspondance.

Fléchier, qu'il avait félicité lors de sa promotion à l'évêché de Lavaur, lui écrit de Rennes, le 15 décembre 1685 :

Je n'en ay pas douté, Monsieur, que vous n'ayiés pris part à la grâce que le roy m'a faite, j'ay éprouvé en d'autre occasion l'amitié que vous avez pour moy et j'ay bien cru que vous n'auriés pas moins de bonté en celle-cy. Je vous prie aussy d'estre persuadé, Monsieur, que j'en ay toute la reconnoissance que je dois, et que je suis très véritablement

Votre très humble et très obéissant serviteur

L'abbé FLÉCHIER, nomé à l'évêché de Lavaur[2].

Le 7 décembre 1697, Bourdaloue lui adresse un billet d'une bonne grâce et d'une politesse achevées :

Ce samedi 7 déc.

Je vous envoie, Monsieur, ce que je vous ai promis, et je me fais

1. Bibl. nat., ms. fr. 24987, fol. 84.
2. Bibl. nat., ms. fr. 24987, fol. 99.

un très sensible plaisir de trouver cette petite occasion pour vous marquer, non seulement l'estime particulière que je fais de votre personne, dont j'honore parfaitement le mérite, mais l'extrême envie que j'aurois d'avoir un peu de part à l'honeur de votre amitié. Je vous la demande, Monsieur, et vous supplie de croire que l'homme du monde qui vous est le plus acquis est sans exception

Votre très humble et très obéissant serviteur,

BOURDALOUE, S. J.[1].

Au dos est écrit : « Pour Monsieur de Gagnières, à l'hostel de Guise. »

Voici un billet plein d'urbanité du Père de la Chaise, confesseur de Louis XIV et, lui aussi, collectionneur distingué :

A Fontainebleau, le 11 9bre 1682.

Monsieur,

De quelque manière que vous me témoigniez prendre part à ce qui me regarde, je vous en suis toujours également obligé, et vous avez si bien sceu me faire sentir vos bontés par la letre obligeante que vous avez eu la bonté de m'escrire sur mon afliction, que vostre présence n'eust pu rien ajouster à mon extrême reconnoissance que le plaisir de vous assurer de vive voix que je suis très parfaitement,

Monsieur,

Votre très humble et très obéissant serviteur,

DE LA CHAISE, S. J.

Mr de Gaignières[2].

Moreau, dont il est question dans la lettre de Fénelon du 7 mars 1697, fut longtemps, comme on le sait par Saint-Simon, premier valet de chambre du duc de Bourgogne. C'était un des grands amis de Gaignières, qui lui dut le beau manuscrit de la *Guirlande de Julie ;* ses lettres, très nombreuses, forment presque tout un volume[3]. Elles présentent un réel intérêt et répondent à l'idée avantageuse que Saint-Simon donne de ce personnage.

Il partageait le goût des portraits, et Gaignières lui prête souvent les siens pour les faire copier. En parlant d'un M. de Florensac qui avait un cabinet rempli de portraits de famille, Moreau

1. Bibl. nat., ms. fr. 24985, fol. 371.
2. Id., 24986, fol. 33.
3. Id., 24989, fol. 1 à 202.

ajoute : Il en est « plus passionné que vous et moi[1]. » Ailleurs il dira : « Mme de Longueville est en place et le petit peintre n'y a « pas trop mal réussi. Il travaille présentement au portrait de « Mme de Montbason ; lors que Mme de Chevreuse aura pris son « rang, on vaira d'un coup d'œil toute la guerre de la Régence, « et cela par vous[2]. »

Le 12 janvier 1696, il écrit : « Mes petits portraits, Monsieur, « sont faits et mis en place, et, si je ne me trompe, vous en serés « content, surtout du connestable de Luines, què mon pintre « a habillé par merveilles ; il luy a donné un pourpoint de satin « blanc à fleurs d'or, avec une petite dentelle à sa fraise qui en « font un très agréable portrait[3]. » Il est évident que, dans ces copies de portraits, prêtés entre amateurs, on ne se piquait guère d'exactitude, au moins quant au costume.

Entre autres fantaisies de collectionneur, Moreau avait celle de réunir les portraits des maîtresses des rois de France : « J'espère « que vous ne m'abandonnerez pas, » écrit-il à Gaignières, « sur « le projet des maitresses que je prétents assembler ; vous ne « devez pas en faire scrupule, » ajoute-t-il agréablement, « puisque « je ne les cherche que pour les faire pendre[4]. »

Moreau donne fréquemment des nouvelles du duc de Bourgogne, qu'il suivait partout. On apprend notamment que le prince et son gouverneur, le duc de Beauvilliers, visitent les collections de Gaignières[5], qui leur donne les explications que son expérience, ses voyages et son instruction lui suggèrent. L'élève de Fénelon paraît désireux de tout voir, de tout connaître, et c'est avec quelque impatience qu'il attend l'explication des belles verrières que Gaignières vient de découvrir à Chartres[6]. Il s'agit sans doute des magnifiques vitraux de la cathédrale que nous admirons aujourd'hui, mais qui étaient moins appréciés au XVIIe siècle.

Le duc de Bourgogne contribua personnellement à embellir le cabinet de Gaignières. Rigaud venait de faire un magnifique portrait du prince lorsque Moreau écrivait à son ami, le 13 mars 1703 : « Dans le moment que je receuvois vostre lettre, Monsieur, j'avois

1. Bibl. nat., ms. fr. 24989, fol. 25.
2. Id., 24989, fol. 126.
3. Id., 24989, fol. 151.
4. Id., 24989, fol. 183.
5. Id., 24989, fol. 5.
6. Id., 24989, fol. 132 et 138 v°.

« la plume à la main pour vous dire que j'avois l'hordre de Mon-« segneur de vous faire faire une copie de son portrait, qui est « le plus beau que Rigaud ait jamais fait[1]. »

Ce portrait étant à Versailles dans l'appartement du duc de Bourgogne, l'on ne pouvoit travailler à la copie que pendant les voyages de la Cour à Marly. Une autre lettre de Moreau, du 16 mai 1703, nous informe de cette particularité, en même temps qu'elle fait connaître le nom du copiste, qui était Hellart[2] : « Entre « tous les chagrins que l'accident qui est arrivé à Madame la « duchesse de Bourgogne (a causés), il y en a un qui n'est que « pour moy tout seul, qui est que, sans ce funeste malheur, vous « auriez il y a longtemps votre portrait, mais, comme il a fallu « garder neuf jours le lit, on n'a pu achever ce qui restoit à faire. « Nous partons demain pour Marli, et la première chose que Hel-« lar fera sera de le finir et de vous le porter ; il est païé et ne vous « demande que la permission de luy laisser voir vostre cabinet[3]. »

Dangeau note une fausse couche de Mme la duchesse de Bourgogne au mois de mai 1703[4]; cette circonstance nous permet de dater la lettre, qui, comme presque toutes celles de Moreau, ne porte que la date du mois.

Quant à Hellart, dont les œuvres sont peu connues, il fut de l'Académie de peinture, et, dans un acte de 1725, mentionné par Jal, il est qualifié, par sa veuve, peintre de Monseigneur le duc de Bourgogne. Il mourut à Paris, en juin 1719. Jal lui a consacré, dans son *Dictionnaire critique*, un article où il ne cite de lui que le portrait qui nous occupe.

La copie était terminée au mois de juin, car, le 20, Moreau, qui avait accompagné le duc de Bourgogne à l'armée du Rhin, écrit à Gaignières : « Vous ne m'avez point mandé si Mr Hellard vous « avoit porté le portrait de Mgr le duc de Bourgogne, comme je « le luy avois présisément ordonné, en le luy païent, et comme « il me l'avoit promis[5]. »

1. Bibl. nat., ms. fr. 24989, fol. 33. — Le catalogue de l'œuvre gravé de Rigaud, publié dans les *Mém. sur les membres de l'Académie de peinture* (Paris, Dumoulin, 1854), mentionne en effet, t. II, p. 183, un portrait du duc de Bourgogne, en 1703. Il a été gravé, en 1707, par Suzanne Sylvestre, femme de Lemoine.

2. Moreau écrit ce nom Hellar ou Hellard; Jal a montré, dans son *Dictionnaire critique*, qu'il faut mettre un *t* à la fin.

3. Bibl. nat., ms. fr. 24989, fol. 57.

4. *Mémoires de Dangeau*, t. IX, p. 187 et 193.

5. Bibl. nat., ms. fr. 24989, fol. 55.

Nous avons été surpris, après des indications aussi précises, de ne pas retrouver la copie faite par Hellart dans la liste des portraits peints possédés par Gaignières que nous donnons à la fin de cette étude. Nous y voyons bien, sous le n° 37, un portrait du duc de Bourgogne; mais il est qualifié d'original et attribué à Van Scup. Il doit s'agir ici de Jacques Van Schupen, fils de l'habile graveur Pierre-Louis, qui, laissant le burin pour le pinceau, devint un élève distingué du célèbre portraitiste Largillière. Ce portrait du duc de Bourgogne a donné lieu à une note de Fénelon à Gaignières trop curieuse pour ne pas être reproduite.

Je préférerois, Monsieur, le dessein du numéro quatre, mais j'ôterois le perron; je fairois commencer l'architecture plus bas, en sorte qu'on verroit en haut un ordre chorinthien, marqué avec une corniche. Je reculerois tant soit peu sur la droite ce bastiment qui serviroit de repoussoir à tout le reste. Je mettrois derrière le prince un parterre simple de gazon et de fleurs, au-dessus duquel je représenterois un petit rocher, sur la croupe d'une colline d'où tomberoit une cascade qui fairoit un petit canal derrière le parterre. Au-dessus, ou à costé droit du rocher, je fairois un petit bocage frais et tendre; sur la gauche, j'osterois la palissade et les statues pour n'y mettre qu'un lointain paisage. Voilà ma pensée; je puis me tromper, mais vous estes assez bon, Monsieur, pour souffrir que je me trompe. Vous savez à quel poinct je vous honore sans compliment[1].

L'abbé DE FÉNELON[2].

La note de Fénelon était accompagnée de la lettre suivante écrite par Moreau à Gaignières :

Mr l'abbé, Monsieur, vous mande son sentiment sur les dessins que vous nous avez envoyé à examiner, il est conforme au jeugement que M. l'abbé de l'Angeron (*sic*, pour de Langeron), Mr de Niert et moy en avions fait avant que de les luy montrer; il est approuvé par Monsegneur le duc de Bourgogne qui me demande souvent des nouvelles de son portrait et témoigne bien de l'impatience de le voir; ce sera un mérite considérable pour Mr Van Sculpe (*sic*) de la satisfaire, car vous scavez que le plaisir diminue chez les princes avec l'impatience. On s'attent issi à voir quelque chose de très beau. Je suis, Monsieur, plus à vous que je ne scaurez vous l'exprimer[3].

1. Au verso est écrit de la main de Gaignières : « Mr l'abbé de Fénelon et Mr Moreau, 21 janvier 1695. » Et au-dessous : « Portr. de Mgr le D. de Bge. »
2. Bibl. nat., ms. fr. 24987, fol. 78.
3. Bibl. nat., ms. fr. 24989, fol. 165.

Cette lettre, dans laquelle Fénelon est évidemment désigné par les mots : *M. l'abbé*, ne porte ni signature, ni date autre que celle du 21 ; mais elle est écrite de la main de Moreau et la date du 21 répond à celle du 21 janvier 1695 mise par Gaignières au dos de la note de Fénelon.

Le portrait fait par Van Schupen nous paraît avoir été mentionné, bien que le peintre ne soit pas nommé, dans la relation de la visite du duc de Bourgogne à Gaignières, donnée par le *Mercure*, au mois d'avril 1702. En effet, nous y lisons : « Il (le prince) « y vit le sien (son portrait), mais tel qu'il l'avoit donné à M. de « Gaignières lorsqu'il lui fit l'honneur d'aller chez lui à l'hôtel de « Guise il y a dix ans. »

De 1695, date de la note de Fénelon, à 1702, il y a sept ans et non dix ; mais nous pensons que cette dernière indication ne doit pas être prise à la lettre et signifie simplement plusieurs années.

Quant à savoir ce qu'est devenu ce portrait et s'il existe encore dans quelque collection publique ou privée, nous avouons notre complète ignorance. Nous pouvons dire seulement qu'il fut, en juillet 1717, vendu à vil prix comme presque toutes les peintures si laborieusement recueillies et si amoureusement conservées par le grand collectionneur.

Le duc de Bourgogne ne se contentait pas de donner à Gaignières une copie de son portrait par Rigaud, il lui faisait aussi cadeau de ses propres essais artistiques, comme en témoignent plusieurs dessins paraphés de sa main que l'on conserve au département des Estampes [1].

Voici, à ce sujet, un passage d'une lettre de Moreau à Gaignières sans autre date que celle du 16 mai :

> ..... La nouvelle que j'ay à vous mander est que Monsegneur acheva hier le dessein qu'il vous avoit promis, qu'il est tout des plus beaux qui soient sortis de ses mains ; il est revêtu de toutes ses formes, c'est-à-dire qu'il est adressé, datté et paraffé. Je puis ajouter qu'on l'a fait de bon cœur par raport à vous [2]...

Ces dessins ne sont que des œuvres d'écolier fort médiocres, mais ils sont paraphés et adressés à Gaignières. Cette circonstance, jointe à la lettre de Moreau, confirme l'opinion que Gaignières avait été attaché à l'éducation du duc de Bourgogne et de ses

1. Sous la cote : Ad2, Réserve.
2. Bibl. nat., ms. fr. 24989, fol. 147.

frères, car il existe dans le même portefeuille des dessins de ces princes.

Les visites du duc de Bourgogne auraient suffi pour mettre en réputation le cabinet de Gaignières, si nous ne savions combien le goût de la haute curiosité était répandu dans le grand monde. Les dames de la Cour font le voyage de la rue de Sèvres, surtout, peut-être, pour y feuilleter ces curieux portefeuilles de modes anciennes qui devaient plus tard faire à Marly, comme on le verra, la distraction du grand roi, devenu vieux et malheureux.

Au nombre des amateurs et visiteurs du cabinet de Gaignières, nous trouvons une personne que l'on ne s'attend pas à rencontrer ici. C'est Mme de Montespan, dont les relations, déjà anciennes, avec l'aimable collectionneur avaient peut-être pris naissance chez les Noailles, qui étaient fort de ses amis, comme le montre sa correspondance avec le duc et la duchesse, publiée par M. Pierre Clément. Dans une lettre en date du 7 juillet 1699, elle parle ainsi de Gaignières à la duchesse : « Ganière (*sic*) est toujours incom« modé de la jambe ; il ne laisse pas de travailler tout le jour ; il « est ravi de ce qu'il trouve ici (à Fontevrault), et ceux qui le « voye sont ravis de ce qu'il fait. Vous croiés bien que je lui « montrerai l'article de votre lettre. Il étoit déjà très convaincu « de vos bontés, mais ce que vous me mandés n'y gastera rien et « me fait beaucoup espérer que vous luy procurerés quelque chose. « Ce n'est pas purement pour luy que je le souhaite, c'est par ce « désir général de voir toujours faire le mieux qui ce peut[1]. »

On voit que les deux grandes dames honoraient Gaignières d'une bienveillance qui, chez Mme de Montespan, remontait à plus de dix ans. Il paraît, en effet, par une lettre de l'abbé Testu, du mois de juillet 1689, qu'elle avait parlé au roi des soins que Gaignières avait « pris pour l'excécution de l'ouvrage qu'elle veut « entreprendre[2]. » Quel pouvait être cet ouvrage dont le principal

1. Cette lettre était à la bibliothèque du Louvre, incendiée par la Commune en 1871. Elle a été publiée par M. P. Clément dans *Madame de Montespan et Louis XIV*. 1 vol. in-8°. Paris, Didier, 1868.

2. Bibl. nat., ms. fr. 24991, fol. 434. — L'abbé Testu, membre de l'Académie française, mort en 1705, était un abbé spirituel et mondain qui, malgré ses hautes amitiés, ne parvint pas à un évêché, Louis XIV ne le trouvant pas *assez dévot*. Selon Mme de Sévigné, il gouvernait fort Mme de Fontevrault, mais la malicieuse marquise n'aimait guère Mme de Montespan, ni tout ce qui lui touchait de près. Voir Cousin, *Madame de Sablé*, p. 200.

et gracieux auteur n'est pas sans nous causer quelque surprise? On a peine à se représenter la belle marquise entourée de paperasses et tachant d'encre ses jolis doigts. Il est permis de supposer qu'il s'agissait de la publication d'un choix de ces vieilles modes dont Gaignières avait réuni une remarquable collection, depuis le XIVe siècle jusqu'au temps de Louis XIV, et dont plusieurs avaient été copiées par le peintre Boudan pour Mme de Montespan.

Une lettre de l'abbé Girard, plus tard évêque de Boulogne, dénote de singulières intermittences dans les idées de Mme de Montespan et fait pressentir que la publication restera à l'état de projet. Il écrit à Gaignières de Versailles le 9 février 1690 :

Je suis chargé, Monsieur, de vous faire des excuses que vous n'aurez pas grand peine à recevoir. C'est de Madame de Montespan qui, après une si longue interruption du commerce sur les petites figures, ne veut pas vous donner la peine de luy en aller reparler et montrer à Saint-Joseph, que je ne vous aye dit, de sa part, qu'elle est bien faschée d'avoir esté si longtemps à vous les demander. Elle m'ordonne donc, Monsieur, après ce compliment qu'elle ne manquera pas sans doute de vous faire elle-mesme et asseurément mieux que moy, de vous prier, de sa part, de l'aller trouver samedy, à une heure après midy, à Saint-Joseph[1], et d'y porter ce que vous avez de fait, avec ce bon esprit et ce bon goust qui vous suivent partout[2].

Ce projet de publication explique pourquoi les modes étaient, dans les portefeuilles de Gaignières, classées avec plus de soin que les autres collections, ainsi que l'a remarqué M. Delisle. Quoique non réalisé par la suite, ce travail devait multiplier les rapports entre les deux collaborateurs.

Mme de Montespan, désireuse peut-être de reconnaître les soins qu'avait pris Gaignières pour satisfaire un caprice, lui avait fait cadeau de deux belles miniatures. C'est ce que nous apprend une lettre de Moreau à Gaignières, du 15 juin 1702, où nous lisons le passage suivant : « Je viens de dire à Monsegneur que la joye « vous avoit tellement transporté au récit de l'action de Nimègue

1. Maison religieuse à Paris, rue Saint-Dominique, où a été établi le ministère de la guerre pendant la plus grande partie de notre siècle. Mme de Montespan y faisait élever des jeunes filles, qu'elle mariait et dotait. Elle y avait un appartement avec un seul fauteuil dans le salon.

2. Bibl. nat., ms. fr. 24987, fol. 243.

« que vous estiez allé sur-le-champ à Nostre-Dame, où vous aviez « chanté un *Te Deum*, vous tout seul, à basse notte ; il m'a ordonné « de vous remercier. Vous ne croiriez pas que j'ay pensé à vous « dans le temps de cette action, et que je souhaite le pintre en « miniature qui a peint les deux que Mme de Montespan vous a « donné, lorsque je vis d'un coup d'œil deux grandes armées en « bataille dans une belle plaine terminée par la ville de Nimègue. « Avouez que cela bien représenté feroit un tableau qui ne vous « déplèroit pas[1]. »

Les miniatures données à Gaignières par Mme de Montespan représentaient donc des événements militaires, probablement du temps de Louis XIV. Or, nous savons par Dangeau que, le dernier jour de 1684, Mme de Montespan offrit à Louis XIV un livre relié d'or, contenant les vues en miniature de toutes les villes de Hollande qu'il avait prises pendant la campagne de 1672. Ce merveilleux cadeau, qui avait coûté dix mille pistoles, environ deux cent mille francs d'aujourd'hui, était comme un souvenir des triomphes du prince et du règne de la belle marquise. Il est permis de supposer que les miniatures auxquelles Moreau fait allusion avaient été faites pour le précieux livre destiné au roi, et qu'une circonstance inconnue les empêcha d'y figurer. On ignore ce qu'est devenu ce riche *album*, et il est à regretter que Moreau n'ait pas nommé le peintre, qui était certainement connu de lui et de Gaignières. En l'absence des œuvres elles-mêmes, il est impossible de risquer une attribution. On peut cependant penser à Van der Meulen, ou à quelqu'un de ses élèves. Il ne faudrait pas croire, d'ailleurs, qu'il y eût là de véritables chefs-d'œuvre. Dans la seconde moitié du XVIIe siècle, l'art de la miniature était bien déchu de ce qu'il avait été au XVe et au XVIe siècle. L'*Entrée du roi à Lille*, que l'on trouve dans l'inventaire des tableaux de Gaignières avec la mention *grande miniature*, et qui est citée comme une des beautés de son cabinet dans le récit fait par le *Mercure* de la visite du duc de Bourgogne, était sans doute une de ces deux miniatures ; l'autre était probablement *l'entrée du roi à Dunkerque*, qui porte la même mention à l'inventaire.

Mme de Montespan n'avait point affaire à un ingrat ; Gaignières, qui lui a survécu, fut jusqu'à la fin de ses fidèles. Le 14 juin 1703,

1. Bibl. nat., ms. fr. 24989, fol. 41.

écrivant à Mme de Marsay[1], alors aux eaux de Bourbon avec Mme de Montespan, il dit, à propos de ses obligations envers la marquise : « J'ose vous assurer aussy, Madame, que je les ressens « comme je le dois. Vous m'en pouvez croire, puisqu'il n'y a pas « de jour que je n'y pense, je dis même ceux que je n'entre pas « dans mon apartement, car, pour ceux que j'y habite, croiriez- « vous que j'y puisse voir aussy souvent ce qu'elle y a mis sans « penser combien je le mérite peu et combien par là je le ressens « davantage? Est-ce le mériter que de n'avoir pas oublié les obli- « gations que je luy ay il y a si longtemps! Non, assurément, je « n'ay fait en cela que ce que je me dois à moy-mesme[2]. »

Dans une autre lettre du 9 septembre 1703, il écrit encore : « Je vous suplie, Madame, de continuer à faire toujours bien ma « cour à Madame de Montespan. L'on ne mettra jamais au nombre « de mes défauts l'ingratitude[3]. »

Gaignières a donc eu avec Mme de Montespan de longs et excellents rapports ; au ton de sa reconnaissance, on pressent qu'il ne lui fut pas seulement redevable des deux miniatures dont parle Moreau. Mais nous n'avons à cet égard aucune indication précise, les portefeuilles de Gaignières ne contenant qu'une seule lettre de Mme de Montespan. Probablement, la belle marquise, dont l'écriture et l'orthographe étaient fort défectueuses, aimait peu à écrire ; avec les sentiments que Gaignières avait pour elle, il n'eût pas manqué de garder ses moindres billets. Voici cette lettre, qui est une réponse aux condoléances que Gaignières lui avait adressées à l'occasion de la mort de sa sœur, Mme de Thianges :

A Fontevrauld, ce 27e septembre 1693.

An quelque temps que m'arive les marque de vostre amitié, Monsieur, g'i suis toutjours fort sansible. Cette occasion ycy est bien

1. Denise-Hyppolite Catar, gouvernante du duc de Penthièvre, femme de Jean-Charles Acton, seigneur de Marsay. (Filleau, *Familles du Poitou*, v° Acton.)

2. Bibl. nat., ms. fr. 24987, fol. 167 v°. Minute.

3. Bibl. nat., ms. fr. 24987, fol. 168 v°. Minute. — La reconnaissance de Gaignières paraît avoir survécu à Mme de Montespan, morte le 27 mai 1707. Nous croyons, en effet, qu'on doit lui attribuer un article sans signature du *Mercure* de juin 1707, dans lequel, après avoir fait l'éloge de la charité de la marquise, l'écrivain ajoute : « Elle aimoit les beaux-arts et protégeoit ceux qui y excel- « loient. Elle a donné de l'occupation à quelques-uns jusqu'à son dernier « moment. Les grands et les petits, les riches et les pauvres, les savants et les « habiles artistes ne manqueront pas de lui donner les louanges qu'elle mérite. »

faicte pour moy, elle m'est mesme arivée dans le temps que je m'i atandées le moins. La mort surprans toutjours pour soy ou pour les austres, et an ogmente ancore par là le déplésir. Je vous rans mille grasse de la part que vous prenés au mien. Croiés, je vous suplie, que je vous conserve la reconnessance que je dois avoir de toute vos honnestetés dont je vous demande la continuation; nous en avons mesme de grans besoins, mais je suis trop triste pour pouveoir entrer an matierre sur des suject qui ne regarde que la vanité et le plésir.

La signature manque, mais le cachet noir encore intact porte les armes des Rochechouart et, en haut, on lit de la main de Gaignières : *Madame de Montespan*[1].

Cette lettre indique des relations habituelles. On remarquera les mots : *nous en avons mesme de grans besoins*, qui dénotent une sorte d'intimité et semblent annoncer des confidences auxquelles coupe court la phrase suivante.

Gaignières entretenait aussi des relations avec la sœur de Mme de Montespan, la célèbre abbesse de Fontevrault, dont Saint-Simon a dit : « Elle avoit encore plus de beauté que Mme de Mon- « tespan et, ce qui n'est pas moins dire, plus d'esprit qu'eux tous, « avec ce même tour que nul autre n'a attrappé qu'eux, ou avec « une fréquentation continuelle, et qui se sent si promptement et « avec tant de plaisir. Avec cela très savante, bonne théologienne, « esprit supérieur pour le gouvernement. Ses moindres lettres « étoient des pièces à garder[2]. »

Celles que Gaignières nous a conservées et qui vont du 10 février 1700 au 9 janvier 1704 confirment l'appréciation de Saint-Simon. Nous les aurions reproduites si elles n'avaient été publiées par M. Pierre Clément dans l'ouvrage qu'il a consacré à cette femme supérieure[3]. Nous ne résistons pas au désir de donner ici une lettre que la belle abbesse écrivait à Gaignières au sujet de son propre portrait, qui venait d'être placé dans la galerie de la rue de Sèvres :

A Fontevrauld, 29 10bre 1702.

Ce n'est pas à vous, Monsieur, à me faire des remerciements sur

1. Bibl. nat., ms. fr. 24988, fol. 288. — Cette lettre a été publiée par M. P. Clément dans l'ouvrage cité plus haut, mais en corrigeant l'orthographe, ce que nous n'avons pas cru devoir faire.

2. *Mémoires de Saint-Simon*, t. III, p. 83. Édit. Hachette. Paris, 1856, in-12.

3. *Une abbesse de Fontevrault au XVIIe siècle*. Paris, Didier, 1869, in-8°.

mon portrait, c'est à moi à vous remercier d'avoir eu la bonté de le souhaiter et de le recevoir si favorablement. Il m'est bien honorable qu'il soit placé dans un cabinet aussi précieux que le vostre, mais je suis encore moins touchée de cet honneur que du droit où il me met de compter sur vostre amitié, beaucoup plus précieuse que toutes les raretés que vous avés rassemblées chés vous. Je vous supplie, Monsieur, de me la vouloir bien continuer et d'estre persuadé que personne ne connoit mieux que moi le prix de cette grâce et ne désire plus sincèrement de s'en rendre digne. Mr de Larroque[1] peut vous respondre qu'il n'entre point de compliement dans les assurances que je vous donne là-dessus; j'avois souvent le plaisir de parler de vous avec lui, Monsieur, dans le temps qu'il a bien voulu me donner et qui m'a paru bien court, par rapport à l'utilité et à l'agréement qu'on trouve dans une société comme la sienne. Il n'y a rien à vous apprendre sur son mérite, non plus que sur ses sentiments pour vous, qui respondent bien en vérité à toute l'estime qui vous est due et aux obligations essentielles qu'il vous a. Il est triste que sa fortune se trouve disproportionnée à son mérite, et je suis bien certaine que vous ressentés ce malheur encore plus que lui. Vous n'avés point d'amis malheureux qui ne doivent se promettre de trouver ce sentiment là en vous et d'en recevoir toutes les preuves qu'une amitié vive et ingénieuse peut fournir. Je ne finirois pas sitost si je me laissois aller à vous donner toutes les louanges que vous mérités là-dessus. Comptez seulement, Monsieur, que personne ne vous les donne de meilleur cœur que moi et n'est avec plus d'estime et de considération que je le suis, votre très humble servante,

MM. Gabrielle de Rochechouart, abbesse de Fontevrauld[2].

Mme de Fontevrault n'avait pas contribué uniquement par l'envoi de son portrait à enrichir le cabinet de Gaignières, ainsi que le prouve le passage suivant d'une lettre de ce dernier en date du 13 décembre 1702 :

1. Larroque, protestant converti, fort apprécié par Mme de Fontevrault, était un homme instruit et lettré, qui, avant sa conversion, paraît avoir collaboré à Londres avec Bayle. — Voir sur lui une note biographique de M. P. Clément, dans *Une abbesse de Fontevrault au XVIIe siècle*, p. 205, note 3. — Diverses pièces du ms. fr. 24988, fol. 84 et *passim*, nous apprennent que Gaignières contribua, avec le maréchal de Noailles, à faire rendre à de Larroque une pension de 800 l. qui avait été supprimée.

2. Bibl. nat., ms. fr. 24991, fol. 249. — Publiée par M. P. Clément, ouvrage cité, p. 233.

Mr de Larroque ne me pouvoit, Madame, procurer un plus sensible plaisir que celuy que vous m'avez fait de m'honorer de vostre portrait, si magnifiquement accompagné. Je voudrois bien qu'il m'aidast aussy à vous en faire mes très humbles remerciemens. J'ay receu tant de marques de vostre bonté que j'espère, Madame, que vous aurez encore celle d'estre persuadée que je suis très sensiblement touché de tout ce que je reçois de votre part.

Vous avez encore augmenté mon cabinet par les deux livres que Mr de Larroque m'a apportés. En vérité, Madame, cette attention pour tout ce qui me regarde me met hors d'estat de vous en pouvoir assez tesmoigner ma reconnoissance par mes services. Ils vous sont si véritablement acquis que je n'ajousteray rien aux protestations que j'ay eu l'honneur de vous en faire, que les assurances que je vous suplie de recevoir de la continuation de mon respect et de mon attachement très sincère, et que je suis, Madame, etc.[1].

Le 25 mai 1703, il écrit encore : « Vous ne perdez point « d'occasion, Madame, de me donner des marques de vos bontez. « Je crois mesme leur devoir les tableaux que M. le chevalier « du Bellay vient de m'envoyer. C'est tout au moins sa considé- « ration pour vous qui m'a attiré ce présent. Je ne scaurois me « flater assez pour penser autrement sans dessein de luy en estre « moins obligé. Souferez donc, Madame, que je vous en fasse de « nouveau mes très humbles remerciemens, aussi bien que des « miniatures que le P. prieur avoit données à Mr de Larroque « pour metre dans mon cabinet[2]. »

Gaignières ne craignait pas de mettre à profit l'obligeance de ses amis. La riche bibliothèque du savant Chevreau, mort à Loudun, sa patrie, en février 1701, contenait un volume qu'il convoitait, et il avait prié Mme de Fontevrault, dont l'abbaye était voisine de Loudun, de le prendre pour lui. L'affaire n'aboutit pas, malgré la bonne volonté de l'abbesse. Nous lisons, en effet, dans une lettre de celle-ci, du 2 septembre 1701 : « On me dit hier par « hasard que Boudot[3] s'en estoit retourné, qu'il avoit passé à « Saumur sans emporter la bibliothèque de Mr Chevreau, qu'il « avoit pourtant achettée huit mille frans, mais qu'il avoit vendue « aussitost pour dix mille aux bénédictins de Saint-Jouin. Me voilà

1. Bibl. nat., ms. fr. 24987, fol. 160. Minute de lettre.
2. Id., 24987, fol. 164. Minute de lettre.
3. Fameux libraire du temps.

« par là privée du plaisir de vous procurer le livre que vous dési- « riés, et j'y ai beaucoup plus de regret, Monsieur, qu'à ceux que « je m'estois promis d'achetter pour moi-mesme[1]. »

Par réciprocité de bons offices sans doute, Gaignières avait indiqué à Mme de Fontevrault des portraits de Santeul, qu'il pensait lui être agréables; celle-ci répond : « Je ne profiterai point « de l'avis que vous avés la bonté de me donner touchant les por- « traits de Santeuil. J'aime fort les estampes, mais en tableaux « seulement et non pas en portraits. » Après cette franche déclaration, elle ajoute poliment : « Vous avés raison d'avouer hardi- « ment vostre goust pour les curiosités, qui font vostre principalle « occupation; c'est une passion, non seulement innocente, mais « encore louable et utile[2]. »

On voit quels étaient les rapports de Gaignières avec la savante et spirituelle abbesse. M. P. Clément ne les fait remonter qu'à 1700, époque à laquelle commence la partie de la correspondance qui nous a été conservée. Mais ils étaient positivement antérieurs, puisqu'une lettre de Mme de Montespan du 9 juillet 1699, citée plus haut et publiée par M. P. Clément, montre Gaignières installé à Fontevrault et y copiant sans doute le volumineux cartulaire de cette abbaye, aujourd'hui à la Bibliothèque nationale[3]. La liaison doit donc remonter au moins à l'avant-dernier voyage de l'abbesse à Paris en 1695, peut-être même à l'un des deux précédents en 1679 ou 1675.

Une phrase finale de la lettre de l'abbesse du 23 février 1701, dont nous avons déjà cité un passage, fait connaître l'époque à laquelle Gaignières quitta l'hôtel de Guise pour s'installer avec ses collections dans sa maison de la rue de Sèvres : « Vous faites « bien, dit-elle, d'habiter une maison qui est à vous et qui est très « belle. Si j'estois à Paris, je ne menquerois pas de vous rendre « une visite dans cette nouvelle demeure[4]. » Le 2 septembre de la même année, revenant sur ce sujet, elle ajoute : « Je m'imagine

1. Bibl. nat., ms. fr. 24991, fol. 245.
2. Id., 24991, fol. 244.
3. Ce cartulaire, qui porte à la Bibliothèque nationale le numéro 5480 du fonds latin, contient à la page 14 du tome I la mention suivante de la main de Gaignières : « Ces extraits ont esté commencés le 26 juin 1699, après dîné, et « continuez pendant..... jours entiers, 3 heures le matin et 4 heures, et quel- « quefois 4 heures et demie l'après-dînée, et finis le..... »
4. Bibl. nat., ms. fr. 24991, fol. 238.

« qu'il (M. de Larroque) va souvent vous voir dans vostre belle « retraitte, où je regrette bien que vous n'aïés pas esté établi pen- « dant que j'estois à Paris[1]. » Le dernier voyage de Mme de Fontevrault à Paris eut lieu à la fin de l'année 1700. Elle dînait chez Mme de Maintenon le 2 décembre, nous apprend Dangeau; c'est donc entre cette date et le 23 février suivant que Gaignières s'établit rue de Sèvres.

A une époque antérieure, paraît, parmi les spirituelles correspondantes de Gaignières, l'aimable Mme de la Sablière, si connue par sa bonté et son attachement pour La Fontaine. L'unique lettre d'elle que nous possédons est d'août 1685; elle indique une liaison ancienne :

Samedy matin.

Je vous envoye un billet que Mr de Noirmoutier m'a fait écrire, Monsieur; il croit que je ne pars pas d'avec Mr l'abbé de Vertamont, parce qu'il fait bastir sur une de nos plasses. J'ay donc recours à vous, Monsieur, pour supplier vostre amy de voulloir bien aller voir Mr de Noirmoutier qui, estant aveugle, ne fait guère de visittes. Je ne vous fais point d'excuses, Monsieur, de la liberté que je prends; je crois estre avec vous au delà des sérémonies, puisque vous ne devés pas doutter de l'estime que j'ay pour vous et de l'envie que j'ay de méritter vostre amitié. Je suis, plus que personne, Monsieur, vostre très humble et très obéissante servente,

M. Sablière[2].

La marquise d'Huxelles, mère du maréchal, dépeinte par Saint-Simon comme « une femme de beaucoup d'esprit, qui avoit de la « beauté et de la galenterie, qui savoit et avoit été du grand « monde toute sa vie, mais point de la Cour[3], » tient une place importante dans la correspondance de 1705 à 1711, année qui précéda sa mort. Ses lettres la montrent très aimable et fort liée avec Gaignières.

Elle écrit, le 5 octobre 1708, au sujet de son portrait placé dans le cabinet de la rue de Sèvres :

C'est à moy de vous remercier, Monsieur, car vous me mettés dans le magazin de la gloire. N'ay-je pas leu dans une satyre de Boileau :

Et qui scauroit sans moi que Cottin a prêché?

1. Bibl. nat., ms. fr. 24991, fol. 246.
2. Id., 24991, fol. 303.
3. *Mémoires de Saint-Simon*, t. VI, p. 294. Édit. Hachette, in-12. Paris, 1856.

Qui scauroit aussy sans vous que je n'ay point esté dans l'obscurité, puisque ma bonne fortune, plus que mon mérite, m'a donné des amis du premier ordre, en naissance, valeur et esprit[1] ?

Une autre lettre du 10 avril 1709 contient un passage qui nous apprend que le fond de l'oraison funèbre du maréchal de Noailles appartient à Gaignières :

J'ai leu, Monsieur, avec admiration l'oraison funèbre de Monsieur le mareschal de Noailles, car, sy vous avez fourny une belle matière, elle est bien mise en œuvre selon mon petit jugement[2].

Il s'agit probablement ici de l'oraison funèbre du duc de Noailles prononcée le 27 février 1707, à Paris, dans l'église des Feuillants, par le P. de la Rue, jésuite, et qui fut imprimée en 1709.

Mais la correspondance roule principalement sur la réalisation d'une idée de la marquise, à laquelle Gaignières s'était prêté avec son obligeance habituelle. Il s'agissait de faire transcrire sur un livre blanc, un album, comme nous dirions, les lettres reçues par Mme d'Huxelles pendant sa longue carrière, celles, du moins, qu'elle avait gardées comme ayant un intérêt particulier. La copie ne comprend d'abord qu'un nombre de lettres assez restreint ; puis la marquise en retrouve d'autres et renvoie le livre pour que l'on continue le travail :

Vous avés mis, Monsieur, lui écrit-elle le 22 novembre 1708, le dernier sceau à nostre ancienne amitié, car je suis sensiblement touchée du présent que vous me refaites, aimant bien mieux les originaux chez vous que chez moy, où j'aurai, à ma main, un caractère moulé quand il me plaira repasser dans mon esprit des souvenirs qui ne laissent pas de réjouir. Cependant, j'ose vous renvoyer ce livre afin d'achever d'user le papier[3].

Ce thème revient souvent, toujours pour la dernière fois, avec mille excuses du ton le plus charmant. Gaignières ne perdait pas, on le voit, à cet agréable commerce ; Mme d'Huxelles, tout heureuse d'avoir sous la main de belles copies bien écrites, lui abandonna les originaux. Ainsi s'explique la présence dans ses portefeuilles de plusieurs lettres adressées à la spirituelle marquise.

1. Bibl. nat., ms. fr. 24991, fol. 529.
2. Id., 24991, fol. 548.
3. Id., 24991, fol. 532.

M. E. de Barthélemy les a publiées pour la plupart, soit en entier, soit par extrait[1]. C'est de cette dernière façon qu'il a donné une lettre de M. de Jussac[2], qui, par certains détails, nous semble devoir être reproduite dans son intégrité. Elle rappelle cette meurtrière bataille de Senef, dernier théâtre de la vaillance et de la gloire du grand Condé :

Du camp de Pieton, ce 12e de juin.

Nous fûmes voir hyer les champs de Pharsale, où Cæsar fit voir à Pompée qu'en fait de guerre il en savoit plus que luy. Mr le Mareschal d'Humière prit pour escorte la maison du Roy; beaucoup de ces messieurs, qui avoient esté à la battaille de Senef, reconnurent le terrein et nous montrèrent les endroits où les grandes actions s'estoient passées. Ils ne tombèrent pas tous d'accord également des circonstances des faits; cela fait bien voir que les historiens manquent souvent à la vérité, puisque ceux qui ont combattu, eux-mesmes, sont si différens en ce qu'ils en disent; mais ils conveinrent tous que feu Mgr le Prince se trouva partout à toutes les attaques, et qu'il donna, à proprement parler, douze ou quinze combats, en cette journée, depuis Senef jusqu'au Fay, distant de deux lieues. Il fut question de charger les ennemys de poste en poste et de les en chasser; tantost cavallerie, qui se deffendoit dans des chams de terre entourés de hayes vives, et tantost infanterie accompagnée de canon, qui faisoit un feu continuel dans ces hayes, si bien qu'on les conduisit jusqu'à cette fameuse ravine, qui n'est rien qu'un chemin creux, de trois ou quatre piés au plus haut, sur les bors duquel se rencontrèrent deux battaillons et deux escadrons aux aigles noires de mauvais augure, et cinq pièces de canon, qui désolèrent les gardes du corps et les cuirassiers. La plaine où cette dernière action se passa va en pante; elle est large d'une portée de mousquet, entre deux petits bois, et longue de la volée d'un canon, depuis le haut jusqu'en bas; les ennemys avoient la hauteur où estoit la ravine, et Mgr le Prince arrivoit par le bas, avec deux ou trois battaillons, deux escadrons des gardes du corps et un de cuirassiers. Il fit mettre quatre pièces de canon en batterie, et de part et d'autre on se tiroit à cartouche; cela dura jusque à la nuit fermée, et les gardes du corps et les cuirassiers, portant

1. *La marquise d'Huxelles et ses amis*, 1 vol. in-8°. Paris, Firmin Didot, 1881.

2. Claude, comte de Jussac, premier gentilhomme de M. le duc du Maine, aux côtés duquel il fut tué en 1690. Sa femme, dont Saint-Simon fait l'éloge, était gouvernante de Mlle de Blois, fille de Louis XIV et de Mme de Montespan.

impatiemment le grand feu des Allemans, les chargèrent avec une extrême vigueur et leur tuèrent beaucoup de monde, mais enfin, ils furent contraints de revenir à leur poste, où ils souffrirent beaucoup. On nous monstra, le long de la haye, un chesne coupé, sous lequel Mgr le Prince se reposoit sur les genoux de Mgr son filz, à la gauche des troupes qu'il avoit postées pour combattre. Le champ est encore présentement semé d'ossemens d'hommes et de chevaux et inspire un je ne say quoy d'horreur et de pitoyable.

On asseura hyer que les Hollandois estoient à Tilmont au nombre de quinze mille hommes.

Mille très respectueux complimens aux illustres personnes qui me font l'honneur de se souvenir que je les honore infiniment[1].

Le passage de cette lettre, où il est question « du chesne coupé « sous lequel Mgr le prince se reposoit sur les genoux de Mgr son « filz, » méritait assurément de n'être pas négligé. Il rappelle une circonstance qu'utilisera peut-être l'historien des Condés, lorsqu'il en sera venu à cette période de l'histoire de son héros.

Tout un côté aimable et mondain de notre collectionneur ressort de l'ensemble de cette correspondance, notamment des lettres de la duchesse douairière de Noailles et de celles de Rollinde, personnage attaché à la grande Mademoiselle, dont il est souvent parlé vers la fin des mémoires de cette princesse. Pendant les années 1689, 1690 et 1692, Rollinde écrit fréquemment à Gaignières pour le remercier, au nom de la princesse, des nouvelles qu'il envoie de la Cour et lui demander de continuer. Si passionné que fût Gaignières pour les choses du passé, il n'en avait pas moins l'œil et l'oreille ouverts sur la société brillante et animée de son temps. Il envoyait en province des nouvelles du monde parisien, de petites relations, des chansons qui étaient les gazettes de l'époque. On voit, par les réponses de ses nobles correspondantes, qu'il s'acquittait fort galamment de ce rôle de chroniqueur du grand monde, qui lui permettait de reconnaître d'une façon gracieuse et spirituelle la bienveillance dont on l'honorait. Mlle de

1. Bibl. nat., ms. fr. 24988, fol. 22. — L'adresse porte : « A Madame, Madame « la marquise d'Huxelles, près les Nouvelles-Catholiques, rue Sainte-Anne, à « Paris. » La lettre n'est pas signée, mais une main ancienne, probablement celle de Gaignières, a inscrit en tête le nom de M. de Jussac, et le cachet, en cire rouge, est à ses armes. La date, qui manque, doit être 1689, époque à laquelle le maréchal d'Humières commandait dans les Flandres.

Montpensier avait des titres tout particuliers aux attentions de Gaignières. Héritière d'une partie des grands biens de Mlle de Guise, notamment de la principauté de Joinville, elle avait conservé le gouvernement de cette ville à l'ancien écuyer de la duchesse.

La revue de la correspondance de Gaignières nous a entraîné au delà d'une époque où il avait été à la veille de voir se réaliser un projet qui eût comblé ses vœux et couronné dignement sa vie d'érudit et de chercheur.

En 1703, encouragé par la masse énorme de documents et de monuments figurés qu'il avait réunis, lui, simple particulier, disposant de médiocres ressources, il estima que, si le gouvernement entrait avec sa toute-puissance dans la voie qu'il avait ouverte, on atteindrait à de bien autres résultats. Une note exposant ses vues et les moyens d'exécution fut remise par lui à M. de Pontchartrain, secrétaire d'État, qui fit bon accueil à cette ouverture. On dressa un projet destiné à être soumis à l'approbation du roi. Dans cette pièce, publiée par M. Duplessis[1], le ministre se propose tout d'abord de veiller à la conservation des monuments relatifs à la maison royale, qui semble avoir été jusqu'à présent la plus négligée.

On pourroit, ajoute-t-il, engager Mr de Gaignières dans l'exécution de ce dessein, ayant fait des recherches pour la maison royale, et pour tout ce qu'il y a de plus curieux dans le royaume pendant plus de quinze ans qu'il a voyagé dans les provinces avec des dessinateurs et des écrivains. On en peut voir un eschantillon dans les desseins qui seront joints à ce mémoire.

Il paroist nécessaire de luy donner un arrest du Conseil pour l'autoriser à certifier les desseins qu'il fera exécuter. Il s'en servira avec discrétion, crainte de faire soubçonner que l'on eut quelque autre veue que celle de conserver les monumens..... Pour oster tout soupçon, on pourroit le faire honoraire de l'Accadémie des Inscriptions, et, en cas que le Roy agrée ce projet, on pourroit commencer, au printemps prochain, par le Bourbonnois et la Bourgogne, où il y a plus de monumens de la maison de Bourbon[2].

1. *Gaignières et ses collections*, p. 13 du tirage à part. — Le texte de cette pièce se trouve dans le vol. 1032 de la collection Clairambault (anciennement Mélanges 436), p. 727-729.

2. Voir Delisle, *Cabinet des manuscrits*, t. I, p. 343.

Tout annonçait une heureuse solution; cependant, il n'en fut rien. On était, il est vrai, au plus fort de la guerre de la succession d'Espagne, les revers commençaient et allaient amener la France à deux doigts de sa ruine. Le roi, vieux et malheureux, avait d'autres soucis que ceux de songer aux origines de sa maison et aux tombeaux de ses ancêtres. Il avait à défendre son propre palais et le berceau de son arrière-petit-fils. On ne donna point suite à un projet qui eût rendu tant de services aux arts et à l'histoire. Il n'a été mis à exécution que dans notre siècle, trop tard, hélas! lorsqu'on a constitué, vers 1840, la commission des monuments historiques.

Libre de sa personne après la mort de Mlle de Guise, Gaignières serait sans doute allé habiter immédiatement la maison qu'il avait fait bâtir rue de Sèvres, si, dans cette construction, il n'eût dépassé sensiblement ses ressources pécuniaires. Pendant quelques années, il se vit obligé de louer cette habitation qu'il s'était préparée comme une agréable retraite. Située en face des Incurables, elle a disparu et a été remplacée par des édifices plus modernes. M. Duplessis a eu la bonne fortune d'en trouver, au département des Estampes, une vue à vol d'oiseau qu'il a reproduite dans les *Nouvelles Archives de l'Art français*[1]. C'est, comme on peut le voir, un véritable hôtel, de dix fenêtres de façade, élevé de deux étages au-dessus du rez-de-chaussée, entre cour et jardin, avec une aile en retour d'équerre sur le jardin et de nombreuses servitudes dans la cour. Le jardin, qui s'étend jusqu'à la rue du Cherche-Midi, alors appelée du Chasse-Midy, est vaste et dessiné à la française. On s'explique parfaitement qu'une construction de cette importance ait été pour le propriétaire une lourde charge qui a pesé sur une partie de son existence. La portion du faubourg Saint-Germain choisie par Gaignières pour s'y installer était peu habitée vers la fin du XVIIe siècle; le terrain devait y être bon marché. La création de l'hospice des Incurables, situé à peu près au milieu de la rue de Sèvres, ou de Sève, sur le côté nord, avait, dès 1637, commencé à peupler ce quartier, jusqu'alors occupé par des cultures maraîchères. Les troubles de la Fronde avaient interrompu ce mouvement, qui ne reprit ensuite qu'avec lenteur. En effet, dans le plan de Nicolas de Fer, qui donne la situation en 1697, tout le côté méridional

1. Année 1874-1875. Nous la donnons, grâce à l'obligeance de M. Duplessis.

de la rue de Sèvres, en face les Incurables, entre les rues Saint-Maur, aujourd'hui de l'Abbé-Grégoire, et Saint-Romain, apparaît jusqu'à la rue du Chasse-Midy, aujourd'hui du Cherche-Midi, sans aucune construction. Cependant, l'hôtel de Gaignières était déjà bâti justement en face des Incurables, mais il était probablement le seul. Dans le plan de La Caille de 1714, il ne paraît pas encore ; ce n'est que sur celui de l'abbé de Lagrive, en 1724, que l'on voit figurer, dans l'îlot compris entre les rues de Sèvres, de Saint-Maur, du Cherche-Midi et de Saint-Romain, deux hôtels dont les bâtiments donnent sur le côté méridional de la rue de Sèvres et dont les jardins vont jusqu'à celle du Cherche-Midi. De ces deux hôtels, celui dont le plan ressemble davantage à la vue dessinée par Boudan est le plus voisin de la rue Saint-Romain. On y retrouve l'entrée, la cour, les communs, le bâtiment principal, l'aile sur le jardin et le jardin lui-même, de forme allongée, aboutissant à la rue du Cherche-Midi. Cette maison était donc à peu près sur le terrain occupé aujourd'hui par l'établissement des Lazaristes.

Gaignières dut se consoler un peu de l'insuccès de son projet de conservation des monuments, en continuant à enrichir ses collections et en disposant toutes ses richesses dans sa belle résidence de la rue de Sèvres. Germain Brice, dans sa *Description de Paris,* donne sur ce cabinet, tout en taisant le nom du propriétaire, une notice intéressante à reproduire :

La grande maison de l'autre côté de la rue (de Sèvres, en face les Incurables) est fort remarquable par la distribution des appartemens hauts et bas qu'elle contient, et par les agrémens qu'elle reçoit de l'étendue de son jardin, un des plus réguliers et des plus agréables de tout Paris.

Le maître, à qui cette maison appartient, occupe le plus bel appartement, qu'il a décoré de très beaux meubles, de drap d'or et de tableaux rares. Il ramasse, depuis fort longtemps, un cabinet sans pareil, si l'on considère qu'il contient une infinité de choses concernant les bas siècles qui ne se trouvent point du tout ailleurs. Il est rempli d'une très grande quantité de portraits de toutes les personnes qui ont laissé quelque nom, dont le nombre monte à 27,000, entre lesquels il y en a de très rares, plusieurs topographies enrichies des vues et des singularitez de chaque païs ; avec ces choses, un grand nombre de livres, d'estampes, de cartes, de plans de ville, de batailles, de pompes funèbres, de carrousels, de tournois, de ballets et de fêtes galantes.

Le même cabinet fournit les dessins des plus considérables tombeaux, de même que des vitres des plus belles églises de France, copiées très fidèlement avec leurs couleurs, ce qui n'a pu se faire sans bien des peines et de la dépense, et dont personne, jusqu'ici, ne s'étoit encore avisé, quoique, d'ailleurs, cette recherche, à l'examiner de près, ait de grandes utilitez pour les généalogies et pour les fondations.

On verra dans le même lieu plusieurs volumes d'anciennes écritures originales de quantité de personnes illustres, Rois, Reines et Princes, qui ont signez de leur propre main à des traitez, à des donations ou à des contrats de mariage; ce qui n'est pas inutile pour l'éclaircissement de l'histoire.

On estime, entre les autres raretez de ce cabinet, un portefeuille, rempli de portraits en miniature de tous les princes de l'auguste maison d'Autriche, peints par une très excellente main.

Mais une des choses les plus singulières et des plus rares, au sentiment de bien des gens, est un recueil de toutes les modes d'habit que l'on a portez en France, à la cour et à la ville, depuis le règne de saint Louis jusqu'à présent, pour toutes sortes de personnes, jusqu'à la livrée, tirées de diverses peintures anciennes avec un fort grand soin.

Comme rien ne manque icy de tout ce que la curiosité la plus avide peut désirer, on y verra une nombreuse suite de jettons et un amas de jeux de cartes dont on se servoit il y a au moins deux cents ans, fort différentes de celles d'à-présent.

Entre les portraits, on estime celuy du roi Jean, peint sur bois, du temps de ce bon Roy qui fut fait prisonnier par les Anglois à la funeste bataille de Poitiers, et un petit tableau sur cuivre, de l'ouvrage de Porbus, qui représente un bal magnifique, où toute la cour d'Henri III danse devant le Roy, pour les noces d'un de ses favoris.

La galerie à l'extrémité de l'appartement est remplie, depuis le haut jusqu'en bas, de quantité de portraits des chevaliers de l'ordre du Saint-Esprit, depuis son institution.

Les personnes les plus illustres du royaume sont souvent venues voir ce grand amas de singularitez instructives.

Ce cabinet a été donné au Roy en l'année 1711[1].

1. Germain Brice, *Description de la ville de Paris*, 6e édit. Paris, Fournier, 1713, in-12, t. III, p. 116 et suiv.

Voilà un tableau assez fidèle, quoique incomplet, du cabinet de Gaignières ; nous en possédons un second de ces mêmes collections, alors qu'elles étaient à l'hôtel de Guise. Il est dû à un Anglais de passage à Paris en 1698, Martin Lister, qui écrit en parlant de Gaignières : *Ce gallant homme est la courtoisie même et une des plus curieuses et industrieuses personnes de Paris.* Ce dernier tableau est encore moins complet que le précédent, notre Anglais s'intéressant surtout aux choses d'Angleterre ; il a d'ailleurs été publié par MM. Delisle et Duplessis[1].

Quoique émanées de contemporains, ces descriptions donnent une idée très imparfaite de l'abondance et de la richesse des collections réunies par Gaignières. Sa vaste demeure de la rue de Sèvres était remplie de livres, de manuscrits, de tableaux, de portraits peints, gravés et dessinés, de reproductions de verrières et de tombeaux, de médailles, de jetons et de curiosités de toute sorte. Ces objets, si divers, avaient un caractère commun. Ils étaient surtout français et concernaient toutes les branches de l'histoire de France. C'est là ce qui distinguait le cabinet de Gaignières de ceux de ses contemporains, principalement formés d'œuvres de l'antiquité ou même de l'extrême Orient.

Il serait superflu d'insister ici sur la valeur et l'intérêt des manuscrits et des pièces historiques, après ce qu'en a dit M. Léopold Delisle, dont l'autorité en ces matières est hors de pair[2]. M. Duplessis a donné, de son côté, un aperçu suffisant des collections iconographiques entrées à la bibliothèque du Roi. Mais il ne parle des tableaux, qui furent vendus il est vrai, que pour dire qu'*on n'en trouve pas l'inventaire*[3].

Plus heureux que notre savant devancier, nous avons découvert la liste complète des tableaux et portraits qui se trouvaient dans le cabinet de la rue de Sèvres, lors de la donation faite au roi par Gaignières en 1711[4]. Cet intéressant document énumère 1,096 peintures qui témoignent de l'étendue des recherches de Gaignières et du bonheur qui les a souvent couronnées.

1. Delisle, *Cabinet des manuscrits*, t. I, p. 341, d'après une ancienne traduction conservée dans le ms. fr. nouv. acq. 340. — Duplessis, p. 11 du tirage à part de *Gaignières et ses collections.*

2. *Cabinet des manuscrits*, t. I, p. 347 et 348.

3. *Gaignières et ses collections iconographiques*, p. 5 du tirage à part, en note.

4. Elle se trouve à la Bibl. nat., Clair. 1032, p. 645-673 et 705-718 (minute), et Clair. 1047, fol. 8-26 (copie). On en donnera le texte à l'appendice.

On n'y compte guère que des portraits, et ils n'étaient certainement pas tous originaux, surtout ceux des chevaliers du Saint-Esprit, au nombre de 345 ; mais ils sont indiqués trop succinctement pour qu'on puisse se faire une idée exacte de leur valeur artistique. Les mentions qui accompagnent quelques-uns d'entre eux suffisent à prouver que le goût si français de notre collectionneur n'avait point dédaigné nos vieux maîtres, alors tombés dans un injuste oubli. Comme ils portent tous au dos un cachet en cire rouge aux armes de Colbert de Torcy, ainsi que nous l'avons dit précédemment, à propos du portrait du roi Jean, il sera désormais facile de les reconnaître dans les collections publiques ou privées, et de rendre au cabinet de Gaignières tous ceux que l'on avait jusqu'ici attribués à celui du grand Colbert.

Le catalogue du musée de Versailles, rédigé avec tant de soin par M. Soulié, énumère une trentaine de portraits avec l'indication du cachet de Colbert, à la collection duquel ils sont attribués. A l'époque où écrivait M. Soulié, cette attribution était très plausible, et il a fallu la rencontre que nous avons faite du mémoire de Clairambault et de la note autographe de Colbert de Torcy pour en démontrer la fausseté.

Grâce à l'extrême obligeance de M. de Nolhac, conservateur au musée de Versailles, qui a bien voulu faire démonter, à notre demande, un panneau de petits portraits de la fin du XVIe et du commencement du XVIIe siècle, nous avons constaté sur quelques-uns d'entre eux la présence du cachet révélateur. Nous citerons ceux de François de Lorraine, duc de Guise, n° 3211 du catalogue du Musée ; Anne d'Este-Ferrare, duchesse de Guise, n° 3212 ; Maximilien II, empereur d'Allemagne, n° 3215 ; Claude Gouffier, marquis de Boisy, grand écuyer, n° 3225. Il doit y en avoir trente-six, avec le cachet de Colbert au dos.

Au Louvre, M. Villot a négligé de mentionner cette particularité dans son catalogue ; mais, sur nos indications, M. Durrieu, conservateur des peintures, a eu l'obligeance de faire décrocher quelques petits portraits, au dos desquels nous avons retrouvé le cachet de Colbert, notamment à ceux d'Élisabeth d'Autriche, n° 108 du catalogue du Louvre ; de Henri II, n° 112 ; de Jacques Bertaut, n° 117 ; de Louis de Saint-Gelais, seigneur de Lansac, n° 118 ; de Diane de France, n° 119 ; de Jean Babou de la Bourdaisière, n° 121, etc.

Parfois le cachet est tombé, et il ne reste plus qu'une trace de cire rouge, comme au portrait de Claude de Beaune, duchesse de Roannez, n° 125; mais l'identification ne paraît pas douteuse. Tout vestige de ce cachet a même dû parfois disparaître, surtout lorsque le tableau a été parqueté à neuf, ainsi qu'il est arrivé au portrait de Juvénal des Ursins, baron de Trainel, n° 652, que nous croyons provenir de Gaignières.

Il est moins facile d'arriver à connaître les portraits de même origine qui se trouvent dans les collections particulières. Nous signalerons cependant, chez M. le duc d'Aumale, celui du bâtard de Bourgogne, qui porte le cachet de Colbert et que nous trouvons sur notre liste au n° 19; il n'est vraisemblablement pas le seul à Chantilly. Citons encore, chez M. le marquis de Biencourt, au château d'Azay-le-Rideau en Touraine, le portrait du duc d'Alençon, n° 24 du catalogue de l'exposition de Tours en 1890.

Il devait s'en trouver également dans la curieuse collection, aujourd'hui malheureusement dispersée, du château de Chenonceau. Sans doute il en subsiste encore dans différentes mains un assez grand nombre que leur petite dimension aura fait conserver, malgré le discrédit où étaient tombées ces œuvres de notre vieille et charmante École française.

Comme on le verra plus loin, tous les tableaux et portraits furent vendus après la mort de Gaignières, au mois de juillet 1717, sauf le portrait du roi Jean, réservé pour la bibliothèque[1], et l'Assomption de l'Albane, remise, par une décision du Régent, à M. le duc de Noailles. Ceux qui se trouvent dans les musées publics ne peuvent donc y être entrés que par suite de rachats ou de donations. Cependant, deux au moins font exception : ce sont ceux de Charles IX et de sa femme Élisabeth d'Autriche, aujourd'hui au Louvre, que l'on sait avoir été rapportés de Vienne, en 1809. Leur présence dans la capitale de l'Autriche ne surprendra pas ceux qui n'ignorent pas que le prince Eugène de Savoie, grand amateur, faisait faire à Paris des acquisitions d'objets d'art, à l'époque où fut mis en vente le cabinet de Gaignières; peut-être ces deux peintures ne firent pas seules ce long voyage. Ces portraits, dans le catalogue dressé après la donation de Gaignières, sont simplement qualifiés d'originaux, sans indication de noms de peintre. Ils sont si beaux,

1. Ce portrait est aujourd'hui à la Bibliothèque nationale, exposition de la galerie Mazarine, armoire X, n° 1.

que d'excellents juges ont cru pouvoir les attribuer à François Janet.

Le rédacteur de ce catalogue qui fut, comme on verra, Clairambault, a été du reste assez sobre d'attributions pour qu'on puisse avoir quelque confiance dans celles qu'il a faites. Probablement même, il ne jugea pas digne d'une mention spéciale nombre de ces vieux petits portraits recueillis par Gaignières, qui nous seraient aujourd'hui si précieux. Il suivait en cela le goût de son temps, qui ne prisait guère les œuvres de notre vieille École, si l'on en juge par les prix plus que modestes auxquels furent adjugées des œuvres exquises, qu'aujourd'hui l'on couvrirait d'or. Nous avons eu la bonne fortune de rencontrer, non seulement le catalogue des portraits de Gaignières, mais encore les prix d'adjudication à la vente qui suivit son décès. On sait combien est rare, pour cette époque, un document de cette nature ; aussi le donnerons-nous dans l'appendice. Nous avons relevé sur le catalogue deux Janet, six Corneille (sans doute Claude), huit Porbus, trois Van Dick, deux Paul Brill, un Van Schupen et un Mignard. Ces deux derniers peintres sont les seuls contemporains de Gaignières, et l'on a vu que le Van Schupen, qui représentait le duc de Bourgogne, était un cadeau de ce prince. Les Janet, qui seraient de François, peuvent être considérés comme fort douteux; les autres attributions paraissent mériter plus de confiance. Nombre de peintures sont simplement dites originales, sans aucune attribution. Parmi elles, plusieurs devaient être de ces maîtres du XVIe siècle complètement oubliés au XVIIIe, et dont les noms nous sont, de temps en temps, révélés par les chercheurs et les fouilleurs d'archives. On peut se faire une idée de la valeur de plusieurs de ces portraits anonymes par ceux que l'on connaît à Versailles, au Louvre et chez quelques particuliers. Leur nombre ira sans doute en augmentant, maintenant que l'on sait que les peintures portant au dos un cachet rouge, avec la couleuvre de Colbert, proviennent du cabinet de Gaignières. On se convaincra de plus en plus que, si les recherches et les acquisitions de notre collectionneur ont eu principalement un but historique et iconographique, le goût et le sentiment artistique ne lui faisaient pas défaut, et qu'il eut souvent la main singulièrement heureuse.

Outre des portraits peints, Gaignières possédait des portraits dessinés aux crayons de couleur, qu'on appelait au XVIIe siècle des pastels. Cette portion de ses collections étant la moins connue, mais non la moins curieuse, il nous sera permis d'y insister un peu.

On sait quelle fut la vogue des crayons pendant le XVIe siècle; il était alors d'usage d'en composer des albums analogues aux recueils de photographies qu'on rencontre si fréquemment aujourd'hui dans les familles. Cette vogue ne dépassa guère le premier tiers du XVIIe siècle, et l'on verra dans quelle piètre estime ils étaient tenus à la fin du règne de Louis XIV. Il n'y a guère plus de trente ans que le bel ouvrage de M. Niel a ravivé le goût de ces productions légères et charmantes. Actuellement on les recherche avec passion, mais le nombre des heureux qui parviennent à s'en procurer est fort restreint. Bien qu'il en ait été, au XVIe siècle, immensément produit par les peintres et les dessinateurs de tout rang, depuis le premier jusqu'au dernier, on ne trouve plus guère aujourd'hui de ces anciens albums que dans quelques dépôts publics, et chez de très rares particuliers privilégiés, trois ou quatre environ.

Le département des Estampes de notre Bibliothèque nationale est incontestablement le cabinet le plus riche en productions de ce genre. Longtemps négligés, ces curieux recueils ont été récemment l'objet d'une étude complète et magistrale de la part de notre confrère M. Henri Bouchot[1]. On trouve réunis dans ce précieux dépôt plus de 800 crayons, dont 150 sont des œuvres hors de pair, dit M. Bouchot qui s'y connaît bien. Plus de la moitié, il est vrai, provient d'acquisitions ou d'accessions assez récentes; à la fin du XVIIIe siècle, la liste donnée dans la *Bibliothèque de France* par les continuateurs du père Lelong, en 1775, en compte à peine 300. Or, la plus grande partie de cet ancien fonds provient de Gaignières, comme nous allons le prouver. C'est encore là un des titres de notre collectionneur à la reconnaissance des *curieux*.

L'inventaire dressé par Clairambault, après la donation, constate la présence, parmi les collections de la rue de Sèvres, de cinq portefeuilles de crayons, ou plutôt de cinq albums, tous, sauf le dernier, étant désignés *livres en blanc reliés en veau*. Le premier contenait 135 portraits[2]; le second, 90; le troisième, 8;

1. *Les Portraits aux crayons des XVIe et XVIIe siècles*. 1 vol. in-8°. Paris, Oudin, 1884.

2. L'inventaire n'en annonce que 133, mais il y en a bien 135.

le quatrième, 27, et le cinquième, 19[1], ce qui fait un total de 279 crayons, nombre qui approche sensiblement de celui de 300 possédés par la Bibliothèque vers 1775. Or, les cinq portefeuilles de Gaignières sont entrés dans ce dépôt. Il n'est point en effet question d'eux dans la vente ; ils sont au contraire portés comme livrés à la Bibliothèque, et nous établirons, dans l'appendice, qu'ils s'y trouvent encore aujourd'hui à peu près au complet. Les crayons qui manquent auront été perdus par suite du peu de soin qu'on a pris de dessins, tombés alors dans un tel discrédit que l'estimation qui fut faite des objets donnés par Gaignières porte *cinq livres* pour les cinq portefeuilles[2] ! Les listes données dans notre appendice et les constatations que l'on peut faire au département des Estampes édifieront complètement les connaisseurs sur le goût des estimateurs choisis par M. de Torcy, ou plutôt par Clairambault[3].

Les portraits gravés, qui montaient à près de 26,000, renfermés dans 210 cartons, avaient été recueillis plus peut-être comme documents historiques et iconographiques que comme œuvres d'art ; un grand nombre cependant se distinguaient par leur beauté ou leur rareté.

Gaignières, chez qui le poids de l'âge se fit sentir d'assez bonne heure, passa les dernières années de sa vie dans sa belle demeure de la rue de Sèvres, s'occupant à disposer et à mettre en œuvre à sa manière les trésors amassés avec tant de soins et une si louable ardeur. Non pas qu'il semble avoir jamais ambitionné la célébrité que peut donner l'érudition ; son but principal étant d'amasser des matériaux pour les savants et les artistes. Mais, comme le dit M. Delisle : « Il ne faudrait pas s'imaginer « qu'il se soit contenté d'amasser et qu'il ait entièrement laissé à « d'autres le soin de choisir et de classer. Il avait entrepris la « rédaction de catalogues raisonnés, et toutes les pièces qu'il

1. Bibl. nat., Clair. 1040, fol. 265-273, n°s 132-136 des grands portefeuilles.

2. Bibl. nat., Clair. 1032, p. 446-447, n°s 1161-1162 de l'Inventaire. Au milieu du XVIIe siècle, les portraits aux crayons valaient encore cinq ou six livres la pièce, d'après M. Bouchot, ouvrage cité, p. 28. On voit combien ils avaient baissé, car ici on ne les estime pas deux sous chacun.

3. Dans le Clair. 1032, p. 248, M. de Torcy écrit le 27 mai 1715 à Clairambault : « L'intention du Roy n'estant pas de garder les tableaux, il faut les faire « estimer par des peintres habiles affin de les vendre ensuite. » — Nous voyons dans la même lettre que de Troy fut un de ces estimateurs. Espérons, pour son honneur, qu'il demeura étranger à l'estimation des crayons.

« avait rassemblées, soit en original, soit en copie, avaient une « place déterminée dans le cadre qu'il s'était tracé, et qui, s'il eût « été rempli, eût présenté, classés méthodiquement, les documents « biographiques et iconographiques se rapportant aux membres « de la maison royale et à tous les personnages qui jouent un rôle « important dans nos annales religieuses, civiles et militaires[1]. »

C'est au milieu de ces agréables occupations que les infirmités, s'accentuant de plus en plus, vinrent avertir Gaignières qu'il lui faudrait bientôt quitter ses chères collections. Effrayé à la pensée qu'elles pourraient être dispersées après lui, désireux de les conserver à la postérité, il crut ne pouvoir mieux assurer leur intégrité qu'en les donnant à la France, c'est-à-dire au roi.

Comme il n'était pas dans les usages de l'ancienne monarchie que le roi acceptât un pur don de la part d'un de ses sujets, et que, d'ailleurs, Gaignières était loin d'être riche, dans l'acte de donation, qui est du 19 février 1711, M. de Torcy, ministre d'État, stipule, au nom de Sa Majesté, que, pour indemniser le donateur, il lui sera fourni un contrat de constitution de rente de 4,000 fr., plus, en argent comptant, 4,000 fr., et en outre, après son décès, « vingt mil livres à ceux en faveur desquels ledit « sieur de Gaignières en aura disposé, ou à ses héritiers ou ayans « causes[2]. »

En cédant à de telles conditions toutes les richesses si laborieusement acquises, Gaignières faisait un acte incontestable de désintéressement et de patriotisme. Nous lisons en effet dans un mémoire adressé, peu de temps avant la mort de Gaignières, à M. de Torcy par le marquis de Puysieux :

« ..... Monsieur le marquis de Torcy n'ignore pas que le feu « roi Guillaume avoit offert cinquante mille écus du cabinet de « M. de Gainière, que M. le duc d'Orléans en a voulu donner « quatre-vingt mille livres; que M. de Gainière n'a voulu « entendre à aucune de ces propositions, mais qu'il n'a pu refu- « ser au désir que feu Monsieur le Dauphin a témoigné d'avoir le « cabinet en question[3], malgré le tort que ce traitté faisoit à son « unique héritier, M. le marquis de Blanchefort, petit-fils du

1. *Cabinet des manuscrits*, t. I, p. 351.

2. Bibl. nat., Clairambault 1032, p. 5-7. — Cet acte a été publié en entier par M. Duplessis, p. 14 du tirage à part.

3. Le duc de Bourgogne mourut le 18 février 1712, un an après la donation de Gaignières.

« marquis de Puyzieulx[1]. » Suit une demande de réversion d'une partie de la pension sur M. de Blanchefort, demande qui ne paraît pas avoir été accueillie.

Comme il arrive trop souvent, la générosité de Gaignières fut mal récompensée. A dater de la donation faite, les tracasseries de toutes sortes ne lui furent pas épargnées, à l'insu du roi il est vrai. Plus d'une fois, elles durent faire regretter au donateur la détermination qu'il avait prise. Le principal auteur de ces tracasseries, on pourrait dire de ces persécutions, fut un ami de Gaignières, Clairambault, généalogiste des ordres du roi, chargé par Torcy de dresser un inventaire des objets cédés, comme étant le confident du donateur, qui n'avait communiqué le secret de cette convention qu'à deux de ses amis : Clairambault et un autre personnage que nous croyons bien être le fidèle Coulanges, d'après une lettre de celui-ci, où nous lisons ce passage :

Votre cabinet mérite bien l'immortalité, et pour y parvenir vous ne pouviez mieux faire que de le joindre à celui de Sa Majesté; mais je souhaite fort que, tant que vous vivrez, Elle vous donne largement des marques de la reconnoissance qu'Elle en doit avoir; le présent le mérite bien. Je vous remercie par avance, Monsieur, de la grâce que vous voulez bien me faire de me dire comment tout cela s'est passé; vous ne pouvez en faire confidence à personne qui prenne plus d'intérêt que je fais en tout ce qui vous regarde, qui vous estime et qui vous honore plus que je le fai aussi, ni qui soit plus sincèrement et plus tendrement que je le suis votre très humble et plus obéissant serviteur[2].

Le brouillon de l'inventaire était terminé le 24 mars 1711[3]; il reçut quelques additions postérieures, à mesure que l'on découvrait des objets oubliés. On voit, par les lettres de Clairambault à Torcy et par les réponses du ministre, qu'on se défiait de Gaignières qui, disait-on, voulait donner à des tiers des manuscrits compris dans la cession faite au roi. Il est même question, dans un mémoire de Clairambault, de faire interdire Gaignières[4]. On soupçonnait aussi ses domestiques, et l'on s'inquiétait si fort de

1. Bibl. nat., Clair. 1032, p. 45.
2. *Lettres de Mme de Sévigné et de ses amis*, t. VIII, p. 168. Édition in-12. Paris, Hachette, 1865.
3. Bibl. nat., Clair. 1032, p. 57.
4. Id., 1032, p. 157.

ce qui pourrait arriver entre le moment de sa mort et l'apposition des scellés, qu'un agent, désigné par le lieutenant de police d'Argenson, fut chargé d'épier l'instant fatal et d'empêcher le pillage qu'on redoutait[1]. Ces suspicions n'étaient pas faites pour adoucir la fin du vieillard, tourmenté par les agents du roi et, dans les derniers temps, par ses propres parents. Mme veuve de Chaugy-Mussigny, Barbe de Blanchefort, la plus proche parente de Gaignières, excluait les autres héritiers, mais elle devait céder ses droits à son petit-neveu, le jeune marquis de Blanchefort, dont la mère, fille du marquis de Puysieux, se rend auprès de Gaignières moribond, qu'elle croit pillé par ses valets. Elle est, à son tour, soupçonnée par Torcy, qui craint qu'elle ne détourne certains des objets donnés au roi, ce qui amène une lettre fort noble du marquis de Puysieux pour repousser cet injuste soupçon[2]. Une note de Clairambault le laisse cependant subsister en partie ; mais ce personnage semble avoir joué, en cette circonstance, un fort vilain rôle. A travers ses démonstrations de zèle pour le service du roi, on devine un homme mû par des sentiments personnels singulièrement égoïstes. Il convoitait depuis longtemps le magnifique cabinet de la rue de Sèvres, et, lorsqu'après la mort de Gaignières il fut désigné par Torcy pour le mettre en ordre et choisir les pièces destinées à la Bibliothèque du Roi, Lancelot, un de ses amis, lui écrivait, dès le 7 mars 1715 : « Enfin, vous voilà le maistre, ou peu s'en faut, d'un des plus « grands dépôts qu'il y ait. Il me semble déjà, Monsieur, vous « voir nager en pleine eau, ou plutôt vous abandonner à ce tra- « vail assidu et opiniastre dont vous êtes si fort le maistre[3]. » On verra que Clairambault se regardait si bien comme le maître des collections de Gaignières qu'il crut pouvoir s'en attribuer une partie.

Poussé sans doute par Clairambault, M. de Torcy crut même devoir prendre des mesures extraordinaires pour la conservation des objets légués au roi. Sur un ordre de lui, M. d'Argouges de Fleury, lieutenant civil de la ville, prévôté et vicomté de Paris, se transportait, le 21 février 1715, rue de Sèvres, où il trouvait Gaignières « au second étage, en robe de chambre, assis dans un « fauteuil, au coin de son feu, dans un très grand abattement et

1. Bibl. nat., Clair. 1032, p. 29.
2. Id., 1032, p. 53. Lettre du 22 février 1715.
3. Delisle, *Cabinet des manuscrits*, t. I, p. 354.

« foiblesse[1]. » Après avoir donné connaissance de sa mission, il descendait avec le valet de chambre Rémy dans les galeries et cabinets, en faisait fermer les portes et remettait les clefs à Rémy, avec défense de s'en dessaisir et de laisser entrer personne dans lesdites galeries. Ces précautions ne paraissent même pas suffisantes; le surlendemain 23, toujours sur un ordre de M. de Torcy, remis par Clairambault, M. d'Argouges revient rue de Sèvres, cette fois accompagné du commissaire Le Trouy Deslandes, à qui il enjoint de se transporter dans lesdits lieux, le lundi suivant, de fermer exactement et sûrement les portes et fenêtres des appartements, et de faire placer à chaque porte d'entrée deux serrures à différentes clefs, dont l'une restera entre les mains du commissaire et l'autre entre celles de Rémy. Conformément à cette injonction, le commissaire Deslandes, escorté d'un serrurier et d'un maçon, procède, pendant trois journées entières, à cette opération bruyante, dans laquelle on mit en place des barres de bois et de fer, et qui dut péniblement impressionner le pauvre vieillard, si affaibli qu'on puisse le supposer[2]. C'était, on en conviendra, une singulière récompense de sa générosité que cette sorte de *saisine* avant décès!

Ces tribulations allaient avoir une fin. Gaignières, qui ne pouvait plus marcher depuis le 25 décembre 1714, expirait le 27 mars 1715, à sept heures et demie du soir, comme nous l'apprend la lettre suivante, écrite le lendemain même à Clairambault par la maréchale de Noailles :

Ce jeudi matin.

(Une autre main a ajouté au-dessous : 28 mars 1715.)

J'apprens, dans le moment, Monsieur, que Mr de Gaignières est mort d'hier au soir à sept heure et demie; ces gens ne m'ont point avertie, je vous prie de me mander sy vous avés esté chés luy, ou sy vous avés commis quelqu'un pour faire les choses nécessaires pour que rien ne s'esgarast, et sy Monsieur le lieutenant civil y a esté. Je suis surprise qu'il ne m'ait rien fait dire, car il m'avoit promis qu'il me feroit savoir ce qui arriveroit. Je vous supplie, Monsieur, de m'instruire, je vous en seray très obligée. J'auray l'honneur de vous voir.

La Maréchalle de Noailles[3].

(Suscription :) A Monsieur, Monsieur de Clérambaut.

1. *Nouvelles Archives de l'Art français*, année 1874-1875, p. 267 et suiv.
2. Bibl. nat., Clair. 1032, p. 65 et suiv.
3. Id., 1032, p. 221.

La maréchale avait un intérêt particulier à être bien informée. Il se trouvait chez Gaignières un paquet à son adresse contenant des lettres de l'abbé de Vertot[1], qui semble avoir excité sa très vive sollicitude. Nous lisons en effet dans une lettre de Clairambault à Torcy, du 9 avril 1715 : « Madame la mareschalle de « Nouailles vous tombera sur les bras, si elle ne l'a desjà fait[2]. » Elle assista à l'inventaire.

Gaignières avait fait, le 17 décembre 1714, un testament par lequel il léguait à Barthélemy Rémy, son valet de chambre, le fidèle compagnon de ses travaux, 10,000 livres, outre ses gages à 200 livres par an; à Françoise Lécluse, sa cuisinière, 4,000 livres, outre ses gages à 120 livres par an ; à Louis la Poule, dit Champagne, son laquais, 3,000 livres, outre ses gages également de 120 livres[3]. Ces legs absorbant presque les 20,000 livres données par le roi, son héritier n'avait à recueillir que sa fortune personnelle, évaluée par Clairambault à 5,000 ou 6,000 livres de rente. Comme les pensions viagères formaient plus du tiers de ce revenu, on voit que cette fortune était fort médiocre.

Dans les registres de la paroisse Saint-Sulpice, détruits par la Commune en 1871, nous avons pu examiner, autrefois, l'acte de décès de Gaignières dont Jal a donné l'analyse. Il y est dit âgé de soixante-dix-sept ans environ, ce qui est un peu exagéré, puisqu'il était né en 1642. Les témoins sont : messire Charles de Chal, seigneur de Conevaisnes, président en l'élection de Beaujolais, cousin du défunt, et François Dupin, intendant des affaires de Mme la princesse.

Une heure après la mort de Gaignières, les scellés étaient mis, lisons-nous dans un mémoire de Clairambault à Torcy[4] ; l'agent aposté par d'Argenson avait scrupuleusement rempli sa mission. Toutes les collections furent transportées dans une maison de la place des Victoires, sous prétexte qu'elles seraient plus

1. L'abbé de Vertot doit être compté parmi les correspondants érudits et lettrés de Gaignières. Il était avec lui dans des termes tels qu'il lui écrit, à l'hôtel de Guise : « La semaine prochaine, j'yré m'enfermer un jour entier avec « vous, si vous l'avés agréable. » Bibl. nat., ms. fr. 24991, fol. 482.

2. Bibl. nat., Clair. 1032, p. 233.

3. Id., 1032, p. 39.

4. Id., 1032, p. 227. — Le procès-verbal de l'opération commencée par Le Trouy Deslandes le 27 mars 1715, sur les neuf heures du soir, se trouve dans le ms. 1032 de Clairambault, p. 167 et suiv.

à proximité de la Bibliothèque du Roi. Or, cette maison appartenait précisément à Clairambault, chargé du triage et des inventaires. Cette particularité, rapprochée du fait que le cabinet de ce dernier se trouva renfermer à sa mort plus de cent volumes évidemment sortis de celui de Gaignières[1], laisse planer de graves soupçons sur la probité du généalogiste des ordres du roi. Au cours même de l'opération du triage, les portefeuilles de modes furent portés à Marly, sans doute pour essayer d'amuser le vieux roi accablé de tristesse, et qu'à une époque plus prospère Mme de Maintenon, qui le connaissait bien, appelait déjà l'*inamusable*. Ce fait nous est attesté par divers passages des lettres de Torcy et de Clairambault, et par les articles suivants du *Mémoire de la recette et dépense pour le cabinet de M. de Gaignières* :

Du 8 juin 1715, au sieur Chastellain, pour une rame de papier au nom de Jésus, pour coller les modes envoyées en 12 grands volumes au Roi à Marly . . . . 40 l. 15 s.

Du 15 juin 1715, au sieur Boudan, pour aider à coller les modes portées à Marly . . . . 6 l.[2].

D'après une lettre de Torcy, du 27 mai 1715[3], on devait faire deux lots des manuscrits : le premier, de toutes les affaires de négociations, lettres, mémoires, traités, depuis la paix de Vervins, devait être porté au Louvre, à la secrétairerie d'État du ministère des affaires étrangères ; le second, contenant tous les autres manuscrits, de quelque nature qu'ils fussent, était réservé pour la Bibliothèque du Roi. Nous ne voyons pas que ce projet de division ait été réalisé ; tous les manuscrits paraissent avoir été déposés à la Bibliothèque.

Quant aux imprimés, une partie, la moindre sans doute, fut attribuée au cabinet des affaires étrangères ; une autre fut recueillie par la Bibliothèque royale. La troisième, comprenant les doubles et les livres déjà possédés par cet établissement, fut livrée aux enchères. Les tableaux, les porcelaines et celles des estampes et

1. Delisle, *Cabinet des manuscrits*, t. 1, p. 355.

2. Bibl. nat., Clair. 1032, p. 308-309. — En marge d'une lettre de Clairambault à Torcy, du 19 juillet 1715 (*Ibidem*, p. 257), on lit, de la main de ce dernier : « Le Roy a parcouru plusieurs des portefeuilles que vous m'avez envoyés. » Il s'agit évidemment ici des MODES portées à Marly.

3. Bibl. nat., Clair. 1032, p. 245.

médailles, qui ne pouvaient servir à combler les lacunes existantes dans les séries du Cabinet du Roi, eurent le même sort.

Cette dispersion des richesses recueillies par Gaignières était fâcheuse à tous égards. La vente surtout ne se comprend pas, malgré la pénurie du Trésor. Décrétée par arrêt du Conseil d'Etat du 6 mars 1717[1], elle eut lieu le mercredi 21 juillet de la même année et jours suivants, ainsi que nous l'apprend l'affiche placardée sur la porte de la maison habitée par Clairambault :

VENTE DE LIVRES, ESTAMPES ET TABLEAUX.

Le public est averti que le mercredy, 21 juillet 1717, depuis huit heures du matin jusqu'à midy, et depuis trois heures jusqu'à sept du soir, et jours suivans, il sera procédé à la vente des livres, portraits, estampes, porcelaines, médailles, jettons, tableaux et autres curiositez, provenant du cabinet de feu Monsieur de Gaignières, à la place des Victoires, dans la maison de Monsieur de Clairambault, où pareilles affiches seront sur la porte[2].

Faite par Denis, huissier du conseil, sous l'autorité de M. Taschereau de Baudry, maître des Requêtes, la vente produisit, avec quelques sommes accessoires, 16,761 livres 14 sous, qui servirent en grande partie à payer les frais nécessités par la rédaction des inventaires, le transport et l'installation des collections. Le reliquat, montant à 5,569 livres 8 sous 9 deniers, fut remis entre les mains du garde du Trésor royal. C'était un bien mince résultat pour cette déplorable opération[3].

Dans la somme totale de la vente, les livres figurent pour 3,410 livres 18 sous; les estampes, pour 1,661 livres 14 sous; les jetons, médailles et curiosités, pour 1,581 livres 11 sous 3 deniers; les tableaux, pour 7,646 livres 17 sous, sans compter vingt-deux copies de grands portraits vendues à M. de Caumartin le 31 mai 1715, ayant produit 638 livres, et 720 livres 19 sous provenant de jetons d'argent vendus le 1er juillet[4].

Bien que les inventaires eussent été communiqués aux gardes de la Bibliothèque du Roi, il ne paraît pas que l'on ait pris la peine de confronter les éditions des livres, ni les épreuves des

1. Bibl. nat., Clair. 1032, p. 259. Placard imprimé chez J. F. Knapen.
2. Id., 1032, p. 288-289.
3. Id., 1032, p. 327-331.
4. Id., 1032, p. 329.

estampes, et il est très probable que plusieurs des objets vendus n'étaient pas des doubles.

Nous avons rencontré[1] un état abrégé de ce cabinet que nous reproduisons ici comme pouvant donner une idée de l'abondance et de la valeur des richesses de toute nature rassemblées par Gaignières.

On compte dans la section des manuscrits 2,407 volumes estimés 24,060 livres; vingt-quatre portefeuilles de modes coloriées, contenant 2,231 pièces, estimés 2,400 livres; trente et un portefeuilles de tombeaux dessinés, 3,100 livres; cent trente-trois portefeuilles de géographie et de topographie, et deux cent dix de portraits gravés, estimés ensemble 8,375 livres.

Tous les manuscrits et les portefeuilles de modes et de tombeaux furent gardés; mais on se contenta de choisir dans les deux articles suivants cent dix-sept portefeuilles de géographie et cent de portraits gravés ou dessinés; le reste fut vendu.

La seconde section comprenait deux mille neuf cent dix volumes imprimés, estimés 5,000 livres; deux globes de Coronelli, 100 livres; six médailles d'or, 55 livres; cent vingt-six monnaies d'argent, 300 livres; trois mille deux cent trois jetons d'argent, 2,040 livres; onze cent soixante-neuf jetons de cuivre, 85 livres; porcelaines, etc., 190 livres 10 sous; six cent quatre-vingt-treize tableaux et portraits, 4,807 livres; trois cent cinquante-cinq chevaliers du Saint-Esprit, 533 livres. Le total de l'estimation se monte à 51,046 livres; mais les évaluations sont évidemment très faibles, même pour le temps.

Les articles du cabinet de Gaignières, remis à la Bibliothèque royale, ont formé, avec la donation de d'Hozier, le premier fonds du cabinet des titres et généalogies. Ils y sont restés jusqu'en 1740 et ont été alors répartis trop arbitrairement entre les différents départements de la Bibliothèque, où ils se trouvent encore aujourd'hui. Il y manque cependant ceux qui ont été volés vers 1780. Quant aux seize portefeuilles de dessins actuellement à Oxford, et dont la Bibliothèque possède depuis peu des copies, nous doutons qu'ils aient disparu à cette époque, comme on le pense généralement. Ils sont probablement sortis beaucoup plus tôt de la collection. Ils ne paraissent pas avoir fait partie des dessins portés à Marly en juin 1715.

1. Bibl. nat., Clair. 1032, p. 263.

La délivrance des legs faits par Gaignières à ses domestiques donna lieu à de longs et scandaleux débats. Mme Barbe de Blanchefort, veuve de M. Auguste de Chaugy-Mussigny, seule et unique héritière sous bénéfice d'inventaire, qui n'avait pas encore cédé ses droits au jeune marquis de Blanchefort, attaqua la validité du testament, comme fait à une époque où Gaignières ne jouissait pas de toutes ses facultés. A sa requête, une ordonnance de Me Thierry, lieutenant civil, en date du 11 janvier 1716, prescrivit une enquête pour constater l'état d'esprit du testateur lors de la rédaction de l'acte. Des dépositions des témoins, qui sont loin de concorder, il résulte que, dans la seconde moitié de 1714, les facultés du donateur étaient fort affaiblies. Cependant on ne parvint point à faire casser le testament, et ces tristes débats se terminèrent par une transaction formulée dans un arrêt du Conseil d'État, du 23 octobre 1717, décidant que :

Il sera expédié et délivré des ordonnances de comptant de pareille somme (20,000 l.) sur le garde du trésor royal, scavoir : une de 7,000 l., au profit de ladite dame de Blanchefort[1], au nom et comme tutrice du sieur François-Philippe de Blanchefort, son fils.....; audit Remy, une autre somme de 10,000 l.; et auxdits La Poulle et l'Écluse, chacun une de 1,500 liv., conformément à la transaction passée entre eux et ladite dame de Blanchefort audit nom.....[2].

Rémy, le valet de chambre et le copiste de Gaignières, eut donc son legs entier; mais ceux du laquais et de la cuisinière furent réduits de moitié; tous les trois, du reste, perdant leurs gages échus. Une pareille transaction, imposée à d'humbles serviteurs, indique chez Mme de Blanchefort et chez le marquis de Puysieux, son père, peu de délicatesse ou une grande gêne.

Tout d'abord, les gazettes du temps ne parlèrent ni de la mort de Gaignières, ni de sa donation au roi. Le Fèvre de Fontenay, directeur du *Mercure*, s'étant adressé à ce sujet à M. de Torcy, reçut la réponse suivante :

A Versailles, le 13e avril 1715.

J'ay receu, Monsieur, votre lettre du 12e avril. Vous pouvez parler

1. Au cours de l'instance, Mme de Chaugy-Mussigny avait cédé ses droits successifs au jeune marquis de Blanchefort, et celui-ci, étant mineur, est représenté par sa mère et tutrice.

2. Bibl. nat., Clair. 1032, p. 322.

de la mort de feu Mr de Gaignières dans l'un de vos premiers *Mercures*, et faire mention, si vous le jugez à propos, de sa naissance, de son mérite et de ses qualitez personnelles; mais il ne convient pas que vous parliez de la disposition qui a esté faite de son cabinet.

Je suis, Monsieur, tout à vous,

De Torcy[1].

Le *Mercure* garda le silence à cette époque; c'est plus de deux ans après qu'on lit dans le numéro de juillet 1717, le mois même de la vente, le passage suivant :

Monsieur le Chevalier de Gaignières, qui avoit ramassé avec beaucoup de soin et de dépense une suite très curieuse d'estampes et de portraits de tous les rois, princes et autres personnes illustres dans toute sorte de genre, a laissé, en mourant, son cabinet au Roi; entre les pièces les plus remarquables, on y voit le portrait du roi Jean, fait de son vivant. C'est le plus ancien tableau qui nous soit resté en France.

Sans doute la consigne avait été levée. Le *Journal des Savants* et la *Gazette* de Renaudot furent encore plus discrets que le *Mercure;* il n'y est pas question de Gaignières ni de sa donation.

Tel fut François-Roger de Gaignières, dont nous avons essayé de faire revivre la physionomie, en laissant la parole à ceux de ses contemporains qui l'ont pratiqué[2]. Ce que nous savons de ses collections, malheureusement dispersées, surtout ce qui subsiste à la Bibliothèque nationale, permet de juger de ses goûts sérieux et variés, mais particulièrement tournés vers les choses et les monuments de la patrie. Ses hautes et précieuses amitiés, sa généreuse donation témoignent de l'élévation de son caractère, de la distinction et de la culture de son esprit, de la bonté de son cœur, de la sûreté et de la douceur de son commerce. Nous pouvons donc nous faire une idée de sa personne morale; elle est tout à son avantage.

Mais il nous est impossible de nous le représenter au physique.

1. Bibl. nat., Clair. 1032, p. 225.

2. Nos extraits de la correspondance de Gaignières sont loin de donner une idée complète de l'étendue et de l'importance de ses relations. Un choix, fait avec discernement parmi les trois ou quatre mille lettres qui la composent, pourrait donner lieu à une publication fort intéressante, analogue à celle de M. Tamizey de Larroque sur Peiresc, qui fut un précurseur de Gaignières.

Jusqu'à présent, on ne connaît aucun portrait de cet homme, qui a rassemblé une aussi étonnante quantité de portraits de tous les âges, et pour le cabinet duquel tant de personnages illustres s'étaient fait peindre. Le seul renseignement positif que nous possédions à cet égard est consigné dans une lettre de d'Hozier, qui, en lui recommandant un parent, ajoute : « Il est des mieux faits « du régiment, car il est aussi grand que vous[1]. »

Gaignières était donc de haute taille, et il est vraisemblable que, dans sa jeunesse et pendant son âge mûr, il a dû faire honneur au bien que le bon abbé de Marolles disait de *ses grâces et de sa beauté*, alors qu'il sortait de l'enfance.

Ce sont là les traits caractéristiques que devra offrir tout portrait au bas duquel on pourra être tenté quelque jour de mettre le nom de Gaignières.

1. Bibl. nat., ms. fr. 24987, fol. 421.

APPENDICE

Cette étude sur Gaignières serait incomplète, si je ne la faisais suivre des listes de portraits, peints et dessinés, rassemblés dans l'hôtel de la rue de Sèvres. Ces listes ont échappé aux habiles chercheurs qui, avant moi, ont fouillé les papiers du célèbre collectionneur ; mais il y avait grande imprudence de ma part à les garder en portefeuille pendant de longues années, ainsi que je l'ai fait. Il eût fort bien pu en être d'elles comme de tant de lettres des correspondants de Gaignières que j'avais recueillies et copiées dès 1851, et qui ont été publiées, en entier ou par extrait, par MM. Duplessis, Léopold Delisle, Pierre Clément et autres[1].

C'est en 1851, en effet, que me vint l'idée d'une étude sur Gaignières. Nouvellement sorti de l'École des chartes, j'étais depuis peu attaché, comme auxiliaire, au département des manuscrits de la Bibliothèque nationale, et M. Hauréau, alors conservateur en chef des manuscrits latins et français, m'avait chargé de clas-

1. Lors de la publication de mon premier article dans la Bibliothèque de l'École des chartes, j'ignorais que les lettres de Fénelon à Gaignières eussent été mises au jour par M. l'abbé Verlaque dans ses *Lettres inédites de Fénelon* (Paris, Victor Palmé, 1874, in-8°, 99 p.). M. l'abbé Verlaque voudra bien excuser cet oubli d'un provincial auquel son intéressante brochure avait échappé.

ser et de cataloguer la volumineuse correspondance de Gaignières, restée en paquets depuis son entrée à la Bibliothèque, en 1717. Ce travail m'intéressa vivement ; je m'y livrai avec toute l'ardeur de la jeunesse et il en résulta un inventaire qui, malgré les fautes et les erreurs, conséquences inévitables de mon inexpérience, est encore aujourd'hui, m'assure-t-on, utile aux travailleurs.

Tout en m'acquittant de la besogne dont j'étais chargé, je notais avec soin et je copiais parfois les lettres curieuses ou inédites qui me passaient sous les yeux[1]. C'est ainsi que se forma le premier fonds de mes extraits de la collection de Gaignières. Écrits sur un excellent papier de fil du XVIIe siècle, légèrement teinté par le temps, dont je pouvais alors me servir, je les reconnais sans peine dans la masse de notes qui est venue s'y ajouter depuis. Mon travail commençait à prendre figure, et j'étais parvenu à dresser, d'après la correspondance, une espèce de tableau abrégé des faits et gestes de Gaignières, lorsque je fus appelé en province et placé à la tête des archives d'Indre-et-Loire. Absorbé par mes nouvelles fonctions et bientôt par la rédaction de l'inventaire de mes archives, distrait par d'autres travaux, je laissai dormir Gaignières. Cependant, l'intérêt qu'il m'avait inspiré avait agi sur d'autres esprits ; MM. Duplessis et Delisle publiaient sur lui les remarquables travaux que tout le monde connaît.

Même après de tels chercheurs, j'ai cru que l'on pouvait glaner, et j'ai repris, déjà vieillissant, ce travail de ma jeunesse qui me rappelait tant d'agréables souvenirs, mêlés il est vrai de tristesse et de regrets. Ce n'est pas, en effet, sans émotion que je me reporte à ce vaste cabinet du conservateur des manuscrits, où étaient réunis les employés auxiliaires attachés aux différents catalogues, et que j'évoque les noms de mes compagnons de travail. Le cabinet, situé au premier étage de l'ancien hôtel Tubeuf, au fond de la cour, en face la rue Neuve-des-Petits-Champs, subsiste encore ; mais, des hôtes pleins de vie et d'espérances qui l'animaient, en 1851, combien peu ont dépassé cette période de quarante années ! Lorsque j'entrai, à la fin de 1850, au catalogue des manuscrits, dont l'organisation était due au conservateur, M. Barthélemy Hauréau, il avait à sa tête M. Henri Michelant, mort conser-

1. Deux de ces lettres, celles de Rigaud et de M. de Puysieulx à Gaignières, furent alors publiées par moi dans les *Archives de l'Art français*, *Documents*, t. I, p. 159. Ces lettres sont de l'année 1705.

vateur de ce département de la Bibliothèque; puis venaient : M. Alfred Schweighœuser, mort archiviste de la ville de Strasbourg; M. Sainte-Marie Mévil, mort archiviste de Seine-et-Oise; M. Auguste Morel, licencié ès lettres et rédacteur du *National*, passé en Belgique après le coup d'État du 2 décembre, et mort également. Dans la même pièce, mais sous la direction du savant M. Hase, M. Ernest Renan, aujourd'hui administrateur du Collège de France, était chargé du catalogue des manuscrits grecs. Lui et moi, nous restons seuls de ce groupe, et seuls nous pouvons nous rappeler cette époque de notre vie. On travaillait assurément dans ce beau cabinet, mais le travail n'était pas toujours silencieux. Outre les demandes échangées à propos de tel ou tel manuscrit à cataloguer, il s'élevait assez souvent, au sujet d'un livre récemment paru ou d'un événement du jour, sur des questions littéraires, historiques, philosophiques et même politiques, des discussions animées, mais toujours cordiales, où chacun apportait la verve et la franchise de notre âge. Je m'estime heureux d'avoir pu, à la fin de ma jeunesse, au moment où l'homme se forme définitivement, profiter du précieux contact d'hommes d'une telle valeur, de tendances et d'aptitudes si diverses.

Mais il est temps de venir à la liste publiée ci-après. Elle comprend près de 1,100 pièces, d'un mérite fort inégal. Les chevaliers du Saint-Esprit, notamment, au nombre de 345, étaient, pour la plupart, de simples reproductions; et, avec l'habitude qu'avaient les amateurs du temps de se prêter leurs portraits, pour les faire copier, on peut croire que les originaux faisaient souvent défaut dans le reste de la collection. Il faut reconnaître, cependant, que les 500 premiers numéros environ étaient mieux choisis au point de vue de l'art. On y trouve des œuvres attribuées à Janet, à Porbus, à Corneille de la Haie, dit de Lyon, et d'assez nombreuses peintures qualifiées d'originales. C'est là, du reste, qu'ont été prises presque toutes les copies faites par Boudan pour les *Modes* de Gaignières, qui avait dû tenir à reproduire ses plus belles pièces. Ces portraits étaient réunis dans le cabinet avant la chambre de parade, appelé le *Petit cabinet*, et dans le grand cabinet avant la galerie. On leur avait fait le plus souvent les honneurs de bordures dorées. C'est, en général, parmi eux que se trouvent les peintures qui ont atteint les plus hauts prix dans la vente. Les échantillons qu'on en rencontre au Louvre, à Versailles et à Chantilly peuvent, du reste, nous édifier complètement sur leur valeur.

Notons encore l'antichambre de l'appartement de Mme de Blanchefort, au premier étage, où se voyaient une trentaine de portraits de membres de la maison de Guise, parmi lesquels était celui du prince de Joinville, par Van Dick. Ils avaient sans doute été recueillis par Gaignières pendant son séjour à l'hôtel de Guise.

Quelque longue que soit cette liste, on n'y rencontre pas cependant plusieurs portraits que la correspondance de Gaignières nous montre comme entrés dans sa collection. J'y ai vainement cherché, entre autres, ceux de Mme de Montespan et de sa sœur, l'abbesse de Fontevrault. Il n'était guère probable, vu les sentiments de Gaignières pour ces deux dames, surtout pour la première, qu'il se fût démuni de leurs portraits ; aussi sont-ils mentionnés dans le procès-verbal de Deslandes, du 21-27 février 1715. Ils ont donc disparu entre la date de ce procès-verbal et celle de la rédaction de l'inventaire des tableaux. Celui de Mme de Montespan à quinze ans, par de Troy, que Gaignières tenait de M. de La Ferté, serait particulièrement intéressant.

Un autre portrait manque également, qui, cependant, porte au dos le cachet en cire rouge de Colbert de Torcy, et qui se trouvait certainement dans la collection, lorsqu'on prit la précaution d'apposer ce cachet sur les peintures dont elle se composait. C'est la délicieuse miniature d'Henri II, aujourd'hui au Cabinet des estampes, qui provient du fameux livre d'heures de Catherine de Médicis, où elle a été remplacée par M. de Martigues. L'inventaire mentionne bien des Henri II, mais aucun n'est désigné comme miniature. Enfin, quelques portraits inscrits dans l'inventaire ne paraissent pas avoir été vendus, leurs numéros ne figurant point dans le bordereau de la vente[1].

Que peuvent être devenues ces œuvres d'art ? Je ne vois guère d'autre explication à donner de leur disparition que le séjour prolongé des collections de Gaignières dans la maison de Clairambault. Celui-ci n'aura probablement pas été plus scrupuleux pour les peintures que pour les volumes et les documents.

Cette liste contient non seulement des portraits peints sur toile

1. Signalons encore deux petits portraits sur bois de Charles VIII et d'Anne de Bretagne qui ne sont point sur cette liste, et du reste ne devaient pas y être. Ils se trouvent dans les ais de la reliure du ms. latin 1190 qui provient de Gaignières. M. Bouchot a donné un fac-similé de celui d'Anne de Bretagne, p. 32 de *Les Femmes de Brantôme*. Paris, Quantin, 1890, in-4°.

ou sur bois, mais encore des miniatures, des émaux, des ivoires et même quelques cires, telles que celles de Calvin (n° 562), et d'une dame italienne (n° 561).

Les dimensions en hauteur et largeur de plusieurs petits portraits sont données et aideraient à les reconnaître, alors même que le cachet de Colbert aurait disparu. Il est encore un autre moyen de les discerner. Un grand nombre de ces portraits avaient été dessinés et coloriés par Boudan pour les *Modes* de Gaignières, et ces reproductions sont dans ses portefeuilles, soit à Paris, soit à Oxford. On en trouvera la liste dans l'*Inventaire des dessins exécutés pour Roger de Gaignières* que vient de publier M. Bouchot[1].

Gaignières avait rédigé sur plusieurs portraits de son cabinet des notices qui seraient aujourd'hui très précieuses ; malheureusement elles sont perdues. Une note de sa main sur le bal des noces de Joyeuse, n° 29 de l'inventaire, actuellement au Louvre, n° 157, quoiqu'à l'état de simple brouillon, donnera une idée de l'intérêt que devaient offrir ces notices.

Bal des noces d'Anne, duc de Joyeuse, en octobre 1581.

C'est luy qui dance avec Marguerite de Lorraine, sœur de la reine, qu'il espousa en octobre 1581[2]. Il est sans cordon bleu ; il ne le receut que le 1er janvier 1583. Le roy Henry III est assis sous le dais ; auprès de luy, la reine Caterine de Médicis, et ensuite la reine Louise de Vaudemont, sa femme.

Derrière, et à côté de la chaise du roy, est Henry de Lorraine, duc de Guise, avec le cordon bleu qu'il avoit eu dès le 1er janvier 1580. Après luy est Charles de Lorraine, duc de Mayenne, sans cordon bleu, et il ne le fut que le 1er janvier 1583. Suit Charles de Lorraine, duc d'Aumale, avec le cordon bleu qu'il avoit eu dès le 1er janvier 1579. Ensuite est François de Luxembourg, duc de Piney, avec le cordon bleu qu'il avoit eu le 1er janvier de la mesme année 1581.

1. Paris, Plon et Nourrit, 1891, 2 vol. gr. in-8°, t. I, p. XII-XVI. Cette belle publication est un vrai monument, élevé à la mémoire de Gaignières par l'administration de la Bibliothèque nationale, qui ne pouvait assurément mieux s'adresser qu'à M. Bouchot, si bien préparé par sa position aux estampes et par ses travaux antérieurs.

2. En marge, toujours de la main de Gaignières : « Fiancez au Louvre, lundy « 18 septembre 1581. »

A costé du roy est Mme de Bar[1], sa seur, et auprès d'elle Louis de Gonzague, duc de Nevers, cordon bleu dès le 1er janvier 1579[2].

On voit, par cet exemple, combien profitables nous seraient les notices rédigées par Gaignières. Celle-ci ne contient que des indications historiques et iconographiques ; la question d'art est laissée de côté et le nom de l'auteur n'est pas mentionné, même à l'état de conjecture. Germain Brice, dans sa description du cabinet de la rue de Sèvres, attribue cette curieuse peinture à Porbus. C'est là une erreur ; le vieux Porbus était mort en 1580, et le jeune, qui n'avait que onze ans en 1581, n'aurait pu faire cette peinture que plusieurs années après la fête du Louvre, or, elle est certainement contemporaine.

Au cours de mon étude sur Gaignières, j'ai eu l'occasion de montrer comment il avait pu se procurer quelques-uns de ces portraits, soit en originaux, soit en copies ; voici d'autres indications à cet égard.

Dans une lettre sans date, mais adressée à l'hôtel de Guise et par conséquent antérieure à 1701, M. Noblet lui écrit : « Je ne « vous ay point envoyé les cordons bleus pour les reprendre, Mon- « sieur : vous pouvés les garder tousjours et je vous en prie[3]. » Dans une autre de M. de Sourches, également adressée à l'hôtel de Guise, on lit le passage suivant : « Ne pouvant vous aller « porter moy-mesme le pourtrait de mon père, je vous l'envoye, « Monsieur... Si vous voulez y faire mettre le nom, ... le voicy : « Messire Jean de Bouschet, marquis de Sourches, grand prévost « de France[4]. » M. Voysin de Millars lui promet des tableaux de Millars et trois des Cars, cordons bleus[5]. En 1686, M. de Fleurigny lui envoie la liste des cordons bleus qu'il possède, et qu'il met à sa disposition pour les faire copier[6]. Le 22 avril 1687, M. de la Tournelfe, ou de la Tournelle, lui écrit : « J'ay remis à « Héraut, vis-à-vis le Cheval de bronse, les portraits du mar-

1. Claude, sœur du roi Henri III, épousa en effet Charles, duc de Lorraine et de Bar, mais elle était morte dès 1575. En 1581, Henri III n'avait plus qu'une sœur vivante, Marguerite, épouse du roi de Navarre Henri de Bourbon, plus tard Henri IV.

2. Bibl. nat., ms. fr. 25691, fol. 26.

3. Id., 25347, fol. 1.

4. Id., 25347, fol. 3.

5. Id., 25347, fol. 9 et 15.

6. Id., 25347, fol. 5 et 108.

« quis de Paloiseau, gouverneur de Calais, et du marquis de Trais-« nel, ambassadeur extraordinaire à Rome, afin d'en faire faire « des copies pour vous. Je vous supplie très humblement, Mon-« sieur, de prendre la peine de passer chés ledit Héraut, ... « pour luy dire de quelle figure il les fera. Vous n'avés à luy « donner que votre avis et moy je satisferay ce peintre avec « beaucoup de plaisir[1]. » On ne pouvait assurément être plus obligeant ni plus généreux, à moins de faire cadeau des originaux, ce qui arrivait parfois; nous venons de voir M. Noblet en agir ainsi, et nous savons, par Clairambault, que Gaignières tenait plusieurs de ses cordons bleus de la duchesse de Lesdiguières, qui était de la famille de Gondy.

Ces notions sur la façon dont Gaignières forma son cabinet sembleront, je pense, avoir leur intérêt. On voudrait même, pour les pièces anciennes, remonter plus haut et connaître, pour ainsi dire, leur histoire; mais les documents font défaut. J'essaierai cependant d'y arriver pour le portrait du roi Jean, le plus ancien de la collection et le seul qui ait été excepté de la vente.

Nous avons vu que ce portrait était venu chez Gaignières des environs d'Oiron et qu'il sortait très probablement du château de ce nom; voici, selon moi, comment il s'y trouvait.

L'inventaire des meubles et joyaux de Charles V, publié par M. de Laborde[2], nous apprend que la *petite estude* (cabinet) du roi à l'hôtel Saint-Pol était décorée d'un tableau de famille en quatre parties, représentant : le roi lui-même, l'empereur, son oncle, *le roy Jehan*, son père, et Édouard III, roi d'Angleterre. Ce portrait du roi Jean doit être celui qui nous occupe. En effet, il était sur bois et composé de quatre panneaux[3]. Or, le portrait de la Bibliothèque est précisément sur bois et offre tous les caractères d'une œuvre du XIVe siècle. Quant à la présence de cette peinture au château d'Oiron, à la fin du XVIIe siècle, il suffit pour se l'expliquer de se souvenir que l'hôtel Saint-Pol a été peu à peu vendu et dépecé pendant tout le cours du règne de François Ier, et que les Gouffier, alors dans la plus haute faveur, étaient de grands amateurs d'objets d'art. Ils l'auront achetée, ou reçue en don, et placée

1. Bibl. nat., ms. fr. 25347, fol. 7.

2. *Revue archéologique*, 1re série, octobre 1850-mars 1851, p. 498-616.

3. Dans l'*Inventaire du mobilier de Charles V*, publié par M. J. Labarte, il est désigné ainsi, n° 2217 : *Ungs tableaux de boys cloans de quatre pièces.*

dans la galerie de portraits qu'ils avaient formée à Oiron et dont plusieurs pièces sont venues enrichir le cabinet de Gaignières. Je ne donne point la chose comme démontrée, mais elle me semble très plausible[1].

TABLEAUX
ET
PORTRAITS (DU CABINET DE M. DE GAIGNIÈRES)[2].

Premier étage. — Ceux du Cabinet après la Chambre de Parade.

Ils ont tous des bordures dorées.

1. Bal du duc d'Alençon, original.
2. Jacques Ier, roy d'Angleterre, de Porbus, original.
3. Madame Catherine, sœur du roy Henry (IV), original de Porbus.
4. La reine Élizabeth, par Porbus, bon original.
5. Madame la princesse (*sic*) de Chevreuse, original.
6. Madame la princesse de Guemené, original.
7. Entrée du Roy à l'Isle, grande mignature.

1. Mon ami M. Anatole de Montaiglon (*Archives de l'Art français, Documents*, t. II, p. 334) émet, sous toutes réserves, l'idée que ce portrait serait l'œuvre de Jean Coste, peintre du roi Jean. On pourrait aussi penser à Girart d'Orléans. M. B. Prost, dans une intéressante étude sur cette question d'attribution (*Archives historiques, artistiques et littéraires*, décembre 1890, t. II, p. 81-92), donne de bonnes raisons en faveur de Jean Coste; mais il n'y a toujours là que de simples conjectures.

Quant à la possession, en 1634, d'un portrait du roi Jean, par M. de Fleury, trésorier général de France en Bourgogne et Bresse, je ne vois rien là qui puisse modifier l'opinion émise ci-dessus, et cela pour les deux raisons suivantes :

1° Jacques de Bie a souvent confondu les noms des propriétaires des peintures d'après lesquelles il gravait.

2° Rien d'étonnant à ce que les ducs de Bourgogne, qui descendaient, eux aussi, du roi Jean, aient eu une copie du portrait placé dans le cabinet de Charles V.

2. Cette liste est donnée ici d'après le texte contenu dans le volume 1032 de la collection Clairambault, p. 645 à 674 et 705 à 718. — Le lecteur trouvera indiquées les principales variantes d'une copie qui est dans le volume 1047 de la même collection, fol. 8 à 26. On a mis entre parenthèses quelques éclaircissements qu'on a crus utiles.

8-12. Cinq desseins à la main, trois par Mgr. le duc de Bourgogne, un par le roy d'Espagne et un par M. le duc de Berry.

13. Un beau païsage et un château excellant, original par... (*sic*).

14. La veue du sérail de Constantinople.

15. Grande mignature de la ville et des environs de Basle.

16. Veue et païsage de Heidelberg.

17. Deux portraits originaux du duc de Joyeuse et de son frère, grand-croix, par Janet.

18. Portrait du chancellier de Sillery, original de Porbus[1].

19. Portrait du bastard de Bourgogne, original de... (*sic*) (Antoine, s. de Bures).

20. Païsage, de Paul Brille (*sic*), original.

21. Deux petits tableaux du mary et de la femme, par Corneille, original.

22. Le duc de Guise de son haut, original de Vandeck (Van Dyck).

23. Consistoire tenu par Sixte V, original.

24. Philippe II, roy d'Espagne, original.

25. Élizabeth, femme de l'empereur Charles V, original.

26. Louise de Lorraine, princesse de Conti, original de Porbus.

27. Le prince d'Orange, original de Porbus.

28. L'archiduc Albert, de Porbus, en regard avec Claire-Eugénie, sa femme, aussy de Porbus, original. (Albert VI, archiduc d'Autriche, gouverneur, puis souverain des Pays-Bas, épousa Claire-Eugénie, fille de Philippe II, roi d'Espagne.)

29. Bal du temps de Henry III; c'est le duc de Joyeuse et sa femme qui dancent, le Roy et les Reines présentes, original.

30. Guillaume de Montmorency, père du connétable.

31. Léonor d'Orléans, duc de Fronsac.

32. Le duc de Saxe et sa femme en regard, originaux.

33. Un duc de Saxe et sa femme dans un mesme tableau, en petit, original.

34. Feste donnée par le Roy à Dunkerque, grande mignature originale.

35. Veue de Lorette, de Paul Brille (*sic*), petit original exquis.

36. Catherine de Clèves, duchesse de Guise, en grand, original de Porbus.

37. Mgr. le duc de Bourgogne, original de Vanscup (*sic, pour :* Van Schupen).

1. Ce numéro manque dans la liste du ms. 1047.

38. Charles IX, original.
39. Élizabeth d'Autriche, sa femme, original.
40. Parlement du duc de Bourgogne, original sur cuivre.
41. Tournoy fait à la place Royale en 1612, original.
42. Portrait du cardinal de Grandvelle, original.
43. Portrait de l'infante Marie-Thérèse d'Espagne.

CEUX DU GRAND CABINET AVANT LA GALLERIE.

44. Tableau d'un prince d'Orange et de Guibourg, sa femme, sans bordure (Guillaume d'Orange et la belle Orable, femme d'un roi sarrazin, qu'il épousa sous le nom de Guibourg).

45. Entrée de balet de la reine Marie de Médicis, assise dans un cercle, aiant un dard à la main, avec les princesses et dames.

Portraits avec des bordures dorées.

46. Le roy Jean. Ce portrait a esté mis à la Bibl. du Roy par ordre de Mgr. le Régent.
47. Louis XI.
48. Charles VIII.
49. François Ier.
50. Une dame sans nom.
51. Le roy Henry II.
52. La reine Éléonore d'Autriche, seconde femme de François Ier.
53. La reine Catherine de Médicis, 2 fois (cf. n° 55).
54. Le roy François II.
55. La reine Catherine de Médicis.
56. La reine Marie Stuart.
57. Une dame sans nom.
58. La reine Louise, femme du roy Henry III.
59. Le roy Charles IX.
60. Marguerite de Valois, femme de Henry, roy de Navarre.
61. Charles IX, roy de France.
62. Un seigneur sans nom.
63. Le roy Charles VII.
64. Charlotte de Beaune, dame de Sauve (postérieurement Mme de La Trémoille, marquise de Noirmoutier).
65. Marie d'Anjou, reine de France.
66. Jacques de Savoye, comte de Romont.
67. Marguerite de France, reine de Navarre.
68. Une dame sans nom.

69. Élizabeth d'Autriche, femme du roy Charles IX.
70. Un jeune seigneur sans nom.
71. Érasme.
72. Un seigneur sans nom.
73. Une dame sans nom.
74. Ludovic de Gonzague, duc de Nevers.
75. Robert, cardinal de Lénoncourt.
76. M. de La Bourdaisière (Jean Babou).
77. Sa femme (Louise Robertet, fille de Florimond Robertet).
78. Jean de Bourbon, comte d'Enghien.
79. Madame de Montpensier (Jaqueline de Longwy-Givry, duchesse de Montpensier).
80. Louis de Salazar, s. d'Asnois.
81. Claude d'Espinay, comte de Durtal.
82. Claude de l'Aubespine (Claude II de l'Aubespine, baron de Châteauneuf-sur-Cher).
82. Catherine de Clermont, duchesse de Retz.
83. Nicolas de Neufville, s. de Villeroy.
84. Magdelaine de l'Aubespine (femme de Nicolas IV de Neufville, marquis de Villeroy).
85. Sébastien de Luxembourg, comte de Martigues.
86. Jean de Morvilliers, garde des sceaux de France.
87. Un portrait sans nom.
88. Henry d'Albret, roy de Navarre.
89. Guillaume, s. de Montmorency.
90. François de Scépeaux, s. de Vieilleville, mareschal de France.
91. Michel de l'Hospital, chancellier de France.
92. La belle Feronnière.
93. Jacques de Savoye, duc de Nemours.
94. Jacques de Chabannes, s. de La Palisse, mareschal de France.
95. Blaise de Montluc, mareschal de France.
96. Jean, cardinal du Bellay.
97. Henry II, roy de Navarre.
98. Jacques d'Albon, s. de Saint-André, mareschal de France[1].
99. Philippe de Montespedon, princesse de La Roche-sur-Yon.

1. La liste du ms. 1032 place ici, entre le n° 98 et le n° 99, un n° 121 : « Albert de Gondy, mareschal de France. » Il contient cependant un autre n° 121 en sa place. — Dans le ms. 1047, comme dans la liste imprimée ici, on trouve à leur place deux numéros 121.

100. François de Kernevenoy, s. de Carnazet (*sic, pour :* Carnavalet).
101. Pierre L'Hermitte.
102. Le seigneur de (*sic*).
103. Érasme.
104. François Ier.
105. Louise de Savoye, mère de François Ier.
106. Robert de La Marck, mareschal de France.
107. Jean de Saux, s. de Tavannes.
108. Artus Gouffier, s. de Boisy.
109. Claude de France, duchesse de Lorraine.
110. Gaspart de Coligny, amiral.
111. Odet de Chastillon, cardinal.
112. François de Coligny, s. d'Andelot.
113. Pierre Forget, s. de Fresne.
114. Charles d'Albiac.
115. Jacques de Savoye, duc de Nemours.
116. François de La Rochefoucaut.
117. Charles de Gondy, s. de La Tour.
118. Charles de La Rochefoucaut, comte de Randan.
119. Claude de Clermont, baron de Dampierre.
120. Guillaume Budé.
121. Albert de Gondy, mareschal de France[1].
121. Guy de Blanchefort, grand maistre de Rhodes.
122. François de Compez, s. de Gruffy.
123. Guillaume Gouffier, s. de Bonnivet.
124. Artus Gouffier, s. de Boisy, grand maistre de France.
125. Claude d'Annebaut, amiral de France.
126. Françoise d'Orléans, princesse de Condé.
127. Martin du Bellay, s. de Langey.
128. Henry d'Albret, roy de Navarre.
129. Marguerite de Valois, reine de Navarre, sa femme.
130. Catherine de Médicis, reine de France, estant jeune.
131. Henry II, roy de France.
132. Diane, légitimée de France, duchesse d'Angoulesme.
133. François de La Tour, vicomte de Turenne.
134. Éléonore de Montmorency, vicomtesse de Turenne.
135. Pierre Strozzy, mareschal de France.

1. Voyez n° 98, note.

136. Philippe Strozzy, colonel.
137. Henry de Montmorency, s. de Damville.
138. Honorat de Savoye, marquis de Villars, chevalier du Saint-Esprit.
139. René de Batarnay, comte du Bouchage.
140. Béatrixe Pacheco, comtesse d'Entremont.
141. Guillaume du Bellay, s. de Langey.
142. François Gouffier, s. de Bonnivet.
143. Philippe Chabot, s. de Brion, amiral.
144. Françoise de Longvy, dame de Brion.
145. Anne de Pisseleu, duchesse d'Étampes.
146. François, dauphin, fils de François Ier.
147. Charles, duc d'Orléans, fils de François Ier.
148. Marguerite de Bourbon, duchesse de Nevers.
149. Gaspard de Coligny, s. de Chastillon, mareschal de France.
150. Louise de Montmorency, dame de Chastillon.
151. Anne de Montmorency, connétable de France.
152. Anne Stuart, mareschale d'Aubigny (épouse de Robert Stuart, comte de Beaumont-le-Roger, maréchal d'Aubigny).
153. Jacques d'Albon de Saint-André.
154. Henry, prince de Navarre, âgé de vingt-deux mois, né en 1555.
155. Jacques de Savoye, duc de Nemours.
156. Charles de La Rochefoucaut, comte de Randan.
157. Suzanne d'Escars, dame de Pompadour.
158. Henry de Lénoncourt, comte de Nanteuil.
159. Marguerite de France, duchesse de Berry.
160. Jacques de Montgommery, s. de Lorge.
161. Catherine de Médicis, reine de France.
162. Une dame sans nom.
163. Charles d'Orléans, comte d'Angoulesme.
164. Le cardinal de Meudon (Antoine Sanguin).
165. Robert de La Marck, duc de Bouillon.
166. Françoise de Brezé, duchesse de Bouillon.
167. Claude de Lorraine, duc de Guise.
168. Anne de Clermont, comtesse de Saint-Aignan.
169. Gaspard de Coligny-Chastillon, amiral.
170. Jean de Bretagne, duc d'Étampes.
171. René de Savoye, comte de Villars.
172. Jeanne de Cossé, dame de Basoche (femme de François d'Espinay, comte de Saint-Luc).

173. Clément Marot, poëte.
174. Mélin de Saint-Gelais, abbé de Reclus.
175. François de Lorraine, duc de Guise.
176. Antoine de Bourbon, roy de Navarre, jeune.
177. Charles, cardinal de Lorraine.
178. Jeanne d'Albret, reine de Navarre.
179. François II.
180. M. de Porcelet.
181. La duchesse de Savoye (Marguerite de Valois, sœur de Henri II).
182. Charles de Pierevive, s. de Lesigny.
183. Charles IX, jeune.
184. Marie de Lorraine, reine d'Écosse.
185. Une jeune princesse, sœur de Charles IX.
186. Jeanne d'Albret, reine de Navarre.
187. Louise d'Halwin, dame de Cipière.
188. René d'Amoncourt, s. de Montigny.
189. Catherine de Médicis, reine de France.
190. François de Noailles, évesque d'Acqs (Dax).
191. Robert de Lénoncourt, cardinal.
192. Un seigneur sans nom.
193. Olivier de Clisson.
194. Anne de Saxe, femme de Guillaume, prince d'Orenge.
195. Une dame sans nom.
196. François, duc d'Alençon.
197. Diane de Poitiers, dame de Valentinois.
198. Michel de Montagne.
199. Pierre Martir.
200. Une dame sans nom.
201. Un seigneur sans nom.
202. Henry de Lorraine, duc de Guise.
203. Élizabeth d'Autriche, reine de France.
204. Anne de Montmorency, connétable.
205. Une dame sans nom, *anno ætatis suæ 17.*
206. Le comte d'Enghien (Jean de Bourbon).
207. Une dame sans nom.
208. Catherine de Clèves, duchesse de Guise[1].
209. François de Lorraine, duc de Guise.

1. Attribué à Porbus par Gaignières, dans ses *Modes*.

210. Anne d'Este, duchesse de Guise.
211. Antoine de Bourbon, roy de Navarre.
212. Jeanne d'Albret, reine de Navarre.
213. Louis de Bourbon, premier prince de Condé.
214. Philippe-François, Reingrave.
215. Un mignon d'Henri III.
216. Charles de Lorraine, duc de Mayenne.
217. Louis de Lorraine, cardinal de Guise.
218. Michel-Ange Bonorata (*sic, pour :* Buonaroti).
219. Paul Estuert, s. de Saint-Mégrin (Paul de Stuer de Caussade, comte de Saint-Mégrin).
220. Un seigneur sans nom.
221. François, s. de Mandelot.
222. Henry de Bourbon, duc de Montpensier.
223. Charles IX.
224. Charles de Balzac, s. de Dunes.
225. Henry de Lorraine, duc de Guise, mignature.
226. Jean de Luxembourg, comte de Brienne.
227. Anne, duc de Joyeuse, mignature.
228. Odet de Coligny, cardinal de Châtillon.
229. Barnabé Brisson.
230. Deux portraits turcs sans nom.
231. Un seigneur sans nom.
232. Claude de Beaune, dame de Roannès.
233. Un seigneur sans nom.
234. Artus de Cossé, s. de Gonnor, mareschal de France.
235. Léonor d'Orléans, duc de Longueville[1].
236. Henry d'Angoulesme, grand prieur.
237. François de France, duc d'Alençon.
238. Élizabeth de France, reine d'Espagne.
239. Un seigneur sans nom.
240. Un chevalier du Saint-Esprit sans nom.
241-246. Cinq seigneurs et une dame sans nom.
247. Le chancelier de Chiverny.
248. Cosme Clausse, évesque de Châlons.
249. Jérosme Burgensis, évesque de Châlons.
250. Le cardinal de Bourbon.
251-254. Quatre seigneurs sans nom.

1. Attribué à François Clouet, dit Janet, par Gaignières.

255. Jean Poltrot.
256. Jean-Louis de La Valette, duc d'Épernon.
257. Antoine Coiffier, mareschal d'Effiat.
258. Roger de Saint-Lary, duc de Bellegarde.
259. Antoine, s. de Pons.
260. Un seigneur sans nom.
261. Jean, s. de Thevalle.
262. Henry III, en habit de chevalier du Saint-Esprit.
263. Un seigneur sans nom.
264. Louis de Saint-Gelais, s. de Lanssac.
265. Bernard de La Valette, amiral.
266. Jean d'Arcies, baron de Livarot.
267. Louis de Gonzague, duc de Nevers.
268. François Palvoisin (*sic, pour :* d'Appelvoisin)-Tiercelin, s. de La Roche du Maine.
269. Michel de l'Hospital, chancelier.
270. Philippe Melancton.
271. François de Livron de Bourbonne.
272. Anne de Rostaing, dame de Sourdis.
273. Charles de Gontaut, duc de Biron.
274. Maximilien de Béthune, duc de Sully.
275. Louis Le Fèvre de Caumartin, garde des sceaux.
276. Concino Concini, mareschal d'Ancre.
277. Léonore Galligaÿ, sa femme.
278. Henry Hurault, comte de Chiverny.
279. Françoise Chabot, comtesse de Chiverny.
280. Charlotte de Rostaing, dame de Sourdis.
281. Marie Touchet, dame d'Antrague (*sic, pour :* Entragues).
282. Charlotte des Essars.
283. Gabrielle d'Estrées.
284. Catherine-Henriette de Balzac (d'Entragues, marquise de Verneuil).
285. Anne d'Anglure, baron de Givry.
286. Catherine de Bourbon, duchesse de Bar.
287. Madame Guyon.
288. Un duc de Saxe.
289. Philippe le Bon, duc de Bourgogne.
290. François, cardinal de Joyeuse.
291. Louise de Budos, duchesse de Montmorency.
292. Henry, duc de Montmorency, connétable.

293. Madame de Senneterre (Jeanne de Laval-Loué, dame de Senneterre).
294. Monsieur de Coulanges.
295. Henry de Bourbon, prince de Condé, pastel.
296. Anne-Jules, duc de Noailles.
297. Madame de Maintenon.
298. Marie de Lorraine, duchesse de Guise.
299. Philippe V, roy d'Espagne.
300. Anne-Marie-Louise d'Orléans (la grande Mademoiselle).
301. Louis-Joseph, duc de Guise.
302. Henry de La Tour, vicomte de Turenne.
303. Paul, duc de Beauvillier.
304. René du Plessis, marquis de Jarzé.
305. Georges Carteri, abbé de Saint-Maurice-d'Agaune.
306. Un vieux homme sans nom.
307. Marcille Ficin et Christophe Landini, Florentins.
308. Anne Polchen (*sic, pour :* Boulen) et Démétrius.
309. Un évesque ou prestre sans nom.
310. Autre sans nom.
311. François Quesnel, peintre.
312. Portrait sans nom.
313. Louis XIII.
314. Une dame sans nom.
315. Henry IV.
316. Pierre Gassendi.
317. Renée de France, duchesse de Ferrare.
318-321. Deux dames et deux seigneurs sans nom.
322. Henry de Schomberg, mareschal de France.
323. M. le duc de Beaufort (François de Vendôme).
324. M. le chancelier Séguier.
325. César de Choiseul, mareschal du Plessis.
326. Frédéric de Schomberg, mareschal de France.
327. Le mareschal de Grammont.
328. Une femme sans nom.
329. M. de Treuille, capitaine de mousquetaires.
330. M. le duc de Veimar.
331-339 et 340 A-340 G. Huit seigneurs, un homme et sept dames sans nom.
340 H. Le chancelier de Chiverny (Philippe Hurault, comte de Cheverny).

340 J. M. le comte de Sagonne, en mignature (Georges Babou de la Bourdaisière).
— L. Le comte de Soissons, tué à la Marfée, mignature (Louis de Bourbon).
— M. Jean, roy de Pologne, mignature.
— N. Une comtesse de Soissons.
341. Un prince d'Orange.
342. Le roy Louis XIV, mignature.
343. La princesse d'Orange.
344. Henry, duc de Montmorency, connétable.
345. Henry, duc de Montmorency, son fils.
346. Une vénitienne.
347. Le pape Clément VIII.
348. Marguerite de Lorraine, duchesse de Nevers, mignature.
349. Un duc de Saxe.
350. Henry III.
351. Un des Ursins-Juvenel, mignature.
352. Le duc de Guise le Balafré.
353. Le duc de Nemours (Jacques de Savoie).
354. Marie de Clèves, duchesse de Guise (princesse de Condé).
355. La reine Marie Stuart.
356. Un évesque.
357. Luther.
358. Un seigneur sans nom.
359. Cristine de Lorraine, femme de Ferdinand de Médicis.
360-363. Deux dames et deux seigneurs sans nom.
364. Un évesque de Poitiers de la maison d'Amboise (Pierre d'Amboise).
365. Un cardinal d'Amboise.
366. Un roy de Dannemark.
367. M. de Nevers-Clèves.
368. Un seigneur sans nom.
369. Un Cossé, évesque, peut-estre Adrien, cardinal (?).
370. Charles de Bourbon, duc de Vendosme.
371. Un seigneur sans nom.
372. Corisande d'Andoins, comtesse de Guiche.
373. Une dame sans nom.
374. Bénigne Bossuet, évesque de Meaux.
375. Guillaume du Vair, garde des sceaux.
376. La reine Marguerite.

377. Charles de Noailles.
378. Jacques Bertault, controlleur de la maison du Roy.
379. Philippe Mélancton.
380. Un homme sans nom.
381. Charles, cardinal de Bourbon, roy de la Ligue.
382. Guillaume VII, marquis de Montferrat.
383. Gabrielle de Rochechoüart, dame de Lansac.
384. Blaise de Montluc, mareschal de France.
385. Deux portraits de dames sans nom.
386. André Alciat.
387-388. Deux hommes sans nom.
389. Deux portraits séparés de deux enfans de l'empereur Maximilien, n'ayans que trois oreilles à eux deux.
390. Le comte de Dunois, bastard (d'Orléans).
391. Anne, duc de Montmorency, connétable.
392. Un seigneur sans nom.
393. Diane de Poitiers.
394. Isabelle de Portugal, duchesse de Savoye.
395. Adam de Cambray, premier président.
396. Philippe le Bon, duc de Bourgogne.
397. Une dame sans nom.
398. Louis, duc d'Anjou, en pied, en petit habit rouge.
399. Une dame sans nom.
400. Jacques de Vendosme, vidame de Chartres.
401. Charles, duc de Bourbon, connétable.

402. Philippe le Bon, duc de Bourgogne, 403. Charles (le Téméraire), duc de Bourgogne, 404. Maximilien Ier, empereur, 405. Philippe, archiduc, 406. Charles V, empereur, 407. Philippe II, roy d'Espagne,	en pieds et en habits de chevaliers de la Toison, petits.

408. Louis d'Anjou, roy de Sicile.
409. Philippe de Clèves, s. de Ravestin (*sic*, *pour* : Ravenstein).
410. Maximilien, archiduc d'Autriche, empereur.
411. Maximilien II, empereur.
412. Philippe-Guillaume de Nassau, prince d'Orange.
413. Léonore de Bourbon, sa femme.
414. Louis, s. de La Trémoille.
415. Yves d'Alègre (baron de Millau, puis marquis d'Alègre).
416. Jeanne d'Annebaut, baronne de Rais (*sic*, *pour* : Retz).

417. Gaston de Foix, duc de Nemours.
418. Philippe le Hardy, duc de Bourgogne.
419. Philippe le Bon, duc de Bourgogne.
420. Jean, duc de Bourgogne.
421. Jean, sire de Rieux, mareschal de France.
422. Le chevalier Bayard.
423. Philippe II, roy d'Espagne.
424. Sixte V, pape.
425. Cosme de Médicis, duc de Toscane.
426. Cosme de Médicis, père de la patrie.
427. François Pétrarque.
428. Laure de Sade, provençale.
429. Claude, reine de France.
430. Un seigneur sans nom.
431. Isabelle-Claire-Eugénie (fille de Philippe II, roi d'Espagne, femme d'Albert VI, archiduc d'Autriche).
432. Louise de Lorraine, princesse de Conty.
433. Érasme, très beau.
434. Le connétable du Guesclin.
435. François de Vendosme, vidame de Chartres.
436-437. Deux dames sans nom.
438. Jeanne d'Haluye, dame d'Haluye (*sic*, *pour* : Jeanne d'Halwin, dame d'Alluye).

Additions aux Tableaux et Portraits.

438[1]. Une petite Assomption de la Vierge, par l'Albane, remise par ordre de Mgr. le duc d'Orléans, du 15 février, à M. le duc de Noailles, suivant son receu du 16 février 1717.

439. Une cérémonie du Saint-Esprit, de 1661, imitée de 1633, peu de chose, sans bordure[2].

440. La ville d'Anvers, de 6 pieds de long sur 3 de haut, sans bordure.

441. Le chasteau de Chastelus, en Bourgogne.

1. Ce second n° 438 ne se trouve indiqué que dans le Clair. 1032; comme il n'a pas été vendu, on l'a supprimé dans la copie de 1047.

2. Dans le ms. 1032, ce numéro est effacé, et on a ajouté en marge : « Mis dans la page 333. » Mais, à cette page, qui porte aujourd'hui le n° 673, la mention qui s'y trouve a été également effacée. Dans le ms. 1047, l'article a été reproduit sous ce n° 439.

442. Une petite Vierge en ivoire, dans une boète de bois, de 5 pouces de haut.

443. Philippe le Hardy, duc de Bourgogne, sur bois, d'un pied de haut sur 8 pouces de large, sans bordure.

444. Deux portraits de Jean et Charles, ducs de Bourgogne, sur bois, bordures dorées, de 15 pouces sur 1 pied.

445. Philippe le Bon, duc de Bourgogne, sans bordure.

446. Marie de Bourgogne, femme de Maximilien, sans bordure.

447. Louis XI, sur bois, de 13 pouces de haut sur 1 pied de large, bordure de bois doré.

448. Un petit portrait, en mignature, de Louis XI ou de Louis XII, cadre d'ébène noire.

449. Deux petits portraits d'un duc et d'une duchesse de Bretagne, mignature, bordure de bois rougi, peu de chose.

450. Ferdinand Ier, empereur, sans bordure.

451. Charles V, empereur, sans bordure.

452. Portrait de l'empereur Charles V et de sa femme N... (Isabelle) de Portugal, sur bois, d'un pied et demy de large sur 15 pouces de haut, bordure dorée.

453. La mareschale d'Aubigny-Stuart.

454. Robert de Lénoncourt, cardinal, sans bordure.

455. Jean, sire de Rieux, mareschal de Bretagne, sans bordure.

456. Petit portrait du roy Henry VIII d'Angleterre, mignature, bordure de cuivre doré.

457. François, dauphin de France, Corneille, sans bordure.

458. M. le duc d'Estampes ou connétable de Montmorency, sans bordure.

459. Sébastien de Luxembourg, vicomte de Martigue, sans bordure.

460-461. Deux François de Scépeaux, mareschal de La Vieuville, bordure dorée, Corneille.

462. Portrait d'Henry d'Albret, roy de Navarre, émail sur cuivre, sans bordure.

463-464. Deux Marguerite de Valois, reine de Navarre, sans bordure.

465. Madame Marguerite, duchesse de Berry, sans bordure (Marguerite de Valois, plus tard duchesse de Savoie).

466. L. de Bourbon, abbesse de Fontevraut, émail sur cuivre, 4 pouces sur 4.

467. Marie de Lorraine, reine d'Écosse.

468. Jaqueline de Rohan, marquise de Rothelin, sans bordure.

469-470. Deux petits portraits, en mignature, de Gabriel, marquis de Saluces, et de Magdelaine d'Annebaut, marquise de Saluces, 1540, bordure de bois doré.

471-472. Deux portraits des duc et duchesse de Saxe, sur bois, 1533, original, de 8 sur 5 pouces et demy, sans bordure.

473. Claude de Clermont, sans bordure (Claude-Catherine de Clermont, duchesse de Retz).

474. Claude de Clermont-Dampierre, bordure dorée.

475. Le capitaine Tavannes, sans bordure.

476. Philippe II, roy d'Espagne, sans bordure.

477. Henry II, de 15 pouces de haut et 10 pouces de large, bordure de bois doré.

478. Catherine de Médicis, sur bois, de 15 pouces de haut, 10 pouces de large, bordure de bois doré.

479. Catherine de Médicis, jeune, original, sans bordure.

480-485. Catherine de Médicis, François II, Charles IX, de 6 pouces en carré, bordure de bois doré, François Ier, le [duc de Guise] Balafré et un seigneur sans nom, ce dernier du temps de Louis XIII, avec bordure.

486. François II, avec bordure dorée.

487. Élizabeth d'Autriche, femme de Charles IX, bordure dorée.

488-493. Sept petits portraits en mignature, sans bordure, du roy Charles IX, la princesse de Condé de la maison de Clèves, Mme de Longueville-Condé, Mme de Savoye, François duc de Guise, Caterine de Nogaret duchesse de Joyeuse, le mareschal de La Ferté.

494. Le mareschal de Brissac, original sur bois, plustost Cossé, Artus.

495-498. Quatre Jeanne d'Albret, reine de Navarre.

499-500. Deux Louis de Bourbon, prince de Condé, un sans bordure.

501. Un portrait du duc d'Alençon, sur bois, d'environ deux pieds et demy de haut sur deux pieds de large, bordure dorée[1].

502. François de Lorraine, duc de Guise, sans bordure.

503. Un portrait du mesme, mignature sur cuivre, haut de 8 pouces sur 4 pouces et demy de large, sans bordure.

504. Le chancelier de l'Hospital, d'un pied de haut sur 9 pouces, original, sans bordure.

505. Petit portrait du mesme, en mignature, dans de l'ébène.

1. Numéro effacé dans le ms. 1032; il a été reporté au n° 973 *bis*. Il a été conservé dans le ms. 1047, qui contient aussi le n° 973 *bis*.

506. Blaise de Montluc, mareschal de France, Corneille.

507. Charles de La Rochefoucaud, comte de Randan, sans bordure, Corneille.

508. Le comte de Randan, tué à Rouen, 1562, sur bois, de 6 pouces de haut sur 6 de large (Charles de La Rochefoucaud, le même que le n° 507).

509. L'amiral de Chastillon.

510. Le cardinal de Chastillon, de 6 pouces sur 8, bois doré.

511. Autre, idem.

512. M. de Théligny, sans bordure.

513-514. Deux Louise de Lorraine, reine de France, femme d'Henry III, une sans bordure, et une avec bordure.

515. Henriette de Clèves, duchesse de Nevers, sans bordure.

516. Le duc de Guise, Balafré, à cheval, sur marbre, bordure noire.

517. François Gouffier de Bonnivet, sans bordure.

518. La princesse de Conty, fille du Balafré, sur bois, de 12 pouces de haut et 10 de large, bordure de bois doré.

519. Jacqueline de Longvy, duchesse de Montpensier.

520. Louise d'Halwin, dame de Cipierre.

521. Jeanne de Longvy, dame de Brion, sans bordure.

522. La comtesse de Sommerive (Anne de Lascaris, femme, en secondes noces, de Remi de Savoie, comte de Tende et de Sommerive).

523. Marie Touchet, dame d'Entragues, sans bordure.

524. Albert de Gondy, duc de Retz.

525. M. le mareschal de Retz (Albert de Gondy).

526. Louis de Saint-Gelais de Lanssac.

527. Gabrielle de Rochechouart, dame de Lanssac.

528. Petit portrait en ovale, sur cuivre, du mareschal de Biron le père, mignature, bordure de bois violet.

529. Volfangus Lazius, philosophus et medicus Viennensis, sur bois, de 7 pouces sur 6 de large, bois doré.

530-531. Deux petits portraits, sur cuivre, en regard de François de Grenet et Baudoine d'Aristel, sa femme.

532. Louis XIII, sans bordure.

533. Charlotte de Bourbon, princesse d'Orange, sans bordure.

534. Isabelle de Médicis, femme de Jourdain Ursin, sans bordure.

535. Portrait, sur bois, du cardinal de Givry, sans bordure.

536. Portrait commencé de Charles de Lorraine, duc de Guise, sur bois, de 9 pouces de haut sur 6 à 7 de large.

537. Le mareschal d'Effiat, original, sans bordure.

538. Le mareschal de Schomberg père, sur bois, 7 sur 9 de large, bois doré.

539. Le comte d'Arondel, original de Vandeck (*sic*), bordure dorée.

540. Charles II, roy d'Espagne, enfant, sans bordure.

541. Un cardinal sans nom, sur bois, d'un pied et demy de haut et de 14 pouces de large, bordure de bois doré.

542. Portrait d'un seigneur sans nom, sur bois, de 8 pouces de haut sur 6 de large.

543-547. Cinq portraits de seigneurs sans noms et sans bordure.

548. Une dame sans nom.

549. Un petit portrait moderne d'un particulier, sur cuivre, sans nom, de 4 et demi sur 4 pouces, bois doré.

550-551. Deux portraits en regard du mary et de la femme, sur bois, d'un pied chacun sur 9 pouces, sans bordure.

552. Boëte de 7 pouces sur... (*sic*) pouces, dans laquelle sont en regard deux petits portraits originaux du mary et de la femme; il semble qu'il y a escrit, pour le mary, Louis, comte Rhingrave du Rhin.

553. Albert de Gondy, comte de Retz, mareschal de France, 1574.

554. Une dame, sur bois, d'un pied de haut sur 10 pouces, bordure de bois doré.

555. Portrait d'une dame, sur cuivre, sans nom, de 5 pouces sur 4.

556. Petit portrait de mignature du temps d'Henry II, bordure de bois d'Inde, sans nom.

557. Une princesse, sur cuivre, sans nom, petit ovale, sans bordure.

558. Boëte à portrait d'ébène, dans laquelle est le portrait d'un chevalier du Saint-Esprit et d'une dame, mignature ovale.

559. Boëte à portrait ovale, d'ébène, dans laquelle est le portrait d'une dame, mignature, manque le portrait du revers.

560. Boëte à portrait octogone d'ébène, dans laquelle est le portrait d'un seigneur et celuy d'une dame, mignature.

561. Une dame italienne, en cire colorée, dans une boëte où est escrit *del Paduanino*.

562. Le buste de Calvin, en cire colorée, dans une boëte sans couvercle.

563. Deux portraits d'un seigneur et d'une dame, mignature, bordure de religieuse.

564. Une dame, sur cuivre, tenant des fleurs, ovale, sans nom, bordure dorée.

565. Une bergère, sur yvoire, sans bordure.

566-568. Un petit paquet de trois petits portraits à l'huile : la Belle Charbonnière, sur cuivre et bordure; le P. Carafa, général des Jésuites, et un seigneur sans nom.

569. Un petit paquet, dans lequel sont dix-sept portraits en mignature, scavoir : de François de Lorraine, duc de Guise; de Charles de Lorraine, duc de Guise[1], dessinez seulement; d'Anne, duc de Joyeuse; d'une dame mal marquée Marie de Lorraine, princesse de Condé; de du Plessis-Mornay; de sa femme; d'Antoine de Silly, comte de La Rochepot. Quatre sur une carte, scavoir : le Roy, la Reine, M. Colbert et une dame, et six autres dames sans nom.

570. Marie d'Avaugour, dame de La Plisse, sans bordure.

571. Madame de Canaple, sans bordure (Judith d'Acigné, dame de Créquy et Canaples).

572. Ambroise de Maillé, damoiselle de Brezé, sans bordure.

573. Mademoiselle de Bonneval (Renée de Bonneval, dame d'honneur de Renée de France, fille de Louis XII).

574. Hélène de La Cour, dame de Belière, sans bordure.

575. Madame de Gourville, sans bordure.

576. Madame de Casaut de La Rochebaraton, sans bordure.

577. Renée Audebaut, damoiselle de Prounidre, sans bordure.

578. Madame de Coulange, bordure dorée.

579. Artuse de Vernon, dame de Montreuil-Bonin, sans bordure.

580. Péronne Égier (*sic, pour :* Léger), femme de Charles de Culant, s. de Péron, sans bordure.

581. Fille de Huban de Nivernois (Gilberte).

582. Péronne de La Roche, femme de Pierre Marveillau, s. des Buhars, sans bordure.

583-592. Dix dames sans nom.

593-608[2]. Vingt-trois grands copies de portraits de Rois, Reines et Dames de plus de 6 pieds de haut, scavoir[3] :

François Ier.

Claude de France, sa première femme.

Léonore d'Autriche, seconde femme.

1. Les mots : « De Charles de Lorraine, duc de Guise, » manquent dans le ms. 1047.

2. Ces numéros, n'ayant pas été mis aux enchères, ne figurent pas dans la liste du Clair. 1047. — Il n'y a ici que 22 portraits et non 23.

3. En marge on lit : « Vendus suivant les ordres du Roy, sur estimation de « M. de Troy, l'un portant l'autre, 30 liv. pièce à M. de Caumartin, intendant « des finances, et livrez le 31 may 1715. »

François, dauphin.
Henry II.
Catherine de Médicis.
Élisabeth de France, reine d'Espagne.
Claude de France, duchesse de Lorraine.
Marguerite de France, reine de France et de Navarre.
François II.
Marie Stuart.
Charles IX.
Élisabeth d'Autriche, reine de France.
Henry III.
Louise de Vaudemont, sa femme.
Antoine, roy de Navarre.
Jeanne d'Albret, reine de Navarre.
Henry IV.
Marie de Médicis.
Catherine de Bourbon, duchesse de Bar.
Louis XIII.
Anne d'Autriche.

609. M. le chancellier Séguier, en pied, sans bordure[1].

610. Le président de Mussy, bordure dorée (Guillaume de Montholon, s. de Mussy).

611. Charles de Lorraine, toile de 12 (pouces?).

612. Vignacourt, grand maistre de Malte.

613. Le commandeur de Souvré.

614. Ferdinand de Médicis, grand-duc de Toscane.

615. Un chevalier de Saint-Michel, sans nom.

616. L'abbé de Saint-Mars (Jean Coëffier, dit Ruzé, abbé de Saint-Sernin de Toulouse).

617. M. de Saint-Mars, son frère (Henri Coëffier, dit Ruzé, marquis de Saint-Mars, grand écuyer).

618. Le président Guillart, avec bordure.

619. Le chasteau de Cormatin, à l'ancre de Chine, bordure et glace devant.

620. La ville de Châlons, idem.

1. Ainsi, dans le Clair. 1047, p. 11, dans le ms. 1032, fol. 18, on lit : « M. de « Rostaing, en pied, sans bordure » (ces mots sont effacés), et on a ajouté : « On s'est trompé, c'est le chancelier Séguier. »

De l'Antichambre du Premier Étage.

Portraits.

621. Marie de Médicis, avec bordure de bois doré.

622. Anne d'Autriche, bordure de bois doré.

623. Gustave-Adolphe, roy de Suède, sans bordure.

624. Henry, prince de Condé, avec sa femme en regard, bordure de bois doré (Henri de Bourbon et Charlotte-Marguerite de Montmorency[1]).

625. Claude, duc de Guise, bordure de bois doré.

626. François, duc de Guise, mesme bordure[2].

627. Le cardinal de Lorraine, idem (Charles de Lorraine).

628. Le cardinal de Guise, idem (Louis de Lorraine).

629. Le chevalier de Guise, idem.

630. Le duc de Guise, idem.

631. Le duc de Guise, mort en 1671, en pied et très grand, original, Mignard, bordure de bois doré (Louis-Joseph de Lorraine).

632. Le cardinal de Birague[3].

633. Le connétable de Luines.

634. François de Foix-Candalle, évesque d'Aire.

635. Le mareschal de La Meilleraye.

636. Le comte de Chastillon[3].

637. Melchior Mitte de Chevrières, sgr. de Saint-Chamont.

638. Jean de Vert (*sic*, *pour :* de Wert, fameux capitaine allemand).

639. L'archevesque de Cambray, François de Salignac (de La Motte-Fénelon)[4].

641. L'évesque de Fréjus, Clermont-Crusy (Antoine-Benoît).

642. Antoinette de Bourbon, duchesse de Guise.

643. Marie de Lorraine, princesse de Conty.

644. La duchesse de Guise, femme de Charles le Camard, original (Henriette de Joyeuse, femme de Charles de Lorraine, quatrième duc de Guise).

1. Le Clair. 1032, p. 712, ajoute deux autres n°s 624 : « Le grand duc de Florence » et « Henry II, roy de France ; » mais on lit en marge : « Resté au dessus de l'une des portes avec deux autres aux deux autres coins, qui sont le cardinal de Birague et le comte de Chastillon mentionnez ci-après. » (Cf. n°s 632 et 636.) Le ms. 1047 ne mentionne pas ces quatre tableaux.

2. Attribué à François Clouet, dit Janet, par Gaignières.

3. Cf. note du n° 624.

4. Le n° 640 manque dans les deux listes.

645. Une princesse avec une couronne.
646. Une dame, par Porbus, original[1].
648. Une dame, sur bois, sans nom, original.
649. Élisabeth de France, reine d'Espagne.
650. Le prince de Joinville, duc de Guise, mort en 1671.
651. Combat de taureaux à Madrid[2].
652. Marie de Lorraine, duchesse de Guise.

Portraits des Chevaliers et Commandeurs du Saint-Esprit[3] qui sont dans la Gallerie.

653. Henry III.
654. Louis de Lorraine, cardinal de Guise.
655. René, cardinal de Birague.
656. Philippe de Lénoncourt, cardinal.
657. Pierre de Gondy, évesque de Paris.
658. Charles d'Escars, évesque de Langres.
659. René de Daillon, abbé des Chasteliers.
660. Jacques Amiot, évesque d'Auxerre.
661. Jacques de Crussol, duc d'Uzès.
662. François Gouffier, seigneur de Crèvecœur et de Bonnivet.
663. François, seigneur d'Escars.
664. Jean d'Escars, seigneur de La Vauguion.
665. Cristophe Juvenel des Ursins, marquis de Trainel.
666. Scipion de Fiesque.
667. Jean d'Aumont, mareschal de France.
668. Jean de Chourses, s. de Malicorne.
669. Albert de Gondy, comte de Retz, mareschal de France.
670. François de Balzac, s. d'Entragues.
671. Philippe Strozzi.
672. Philippe Hurault, comte de Chiverny, chancelier.
673. Guillaume Pot, s. de Rhodes, maistre des cérémonies.
674. Nicolas de Neufville, s. de Villeroy, grand trésorier.
675. François de Bourbon, prince de Conty.

1. Le n° 647 manque dans les deux listes.
2. « Sans bordure, » ajoute le Clair. 1047 ; dans l'un et l'autre ms., ce numéro est après le suivant.
3. Cette liste des chevaliers du Saint-Esprit, du n° 653 au n° 973 *bis*, se trouve non seulement, comme la liste entière, dans le Clair. 1032, et fol. 18 v° et suiv. du Clair. 1047, mais encore une troisième fois de la main de Clairambault, mais sans numéros, dans le même ms. 1047, fol. 2 à 7.

676. François de Bourbon, duc de Montpensier.
677. Henry de Lorraine, duc de Guise.
678. Louis de Saint-Gelais, s. de Lanssac.
679. Jacques de Matignon, mareschal de France.
680. Bertrand de Salignac, s. de La Motte-Fénelon.
681. François de Luxembourg, duc de Piney.
682. René de Rochechouart, s. de Mortemart.
683. Henry de Lénoncourt, s. de Coupevroy.
684. Charles de Lorraine, duc d'Elbeuf.
685. Armand de Gontaut, baron de Biron.
686. Guy de Daillon, comte du Lude.
687. François de La Baume, comte de Suze.
688. Jean, s. de Thévale.
689. Charles de Lorraine, duc de Mayenne.
690. Jean-Louis de Nogaret, duc de La Valette.
691. Jean de Mouy, s. de La Mailleraye.
692. Philippe de Volvire, marquis de Ruffec.
693. Tristan de Rostaing.
694. Jean de Vivonne, marquis de Pisany.
695. Henry de Joyeuse, comte du Bouchage.
696. François de La Valette-Cornusson.
697. François de Cazillac, s. de Cessac.
698. Joachim de Chasteauvieux.
699. Charles du Plessis, s. de Liancourt.
700. François de Chabannes, marquis de Curton.
701. Louis Adhémar de Monteil, comte de Grignan.
702. Charles de Bourbon, comte de Soissons.
703. Adrien Tiercelin, s. de Brosse.
704. Gilles de Souvré, mareschal de France.
705. François, s. d'O.
706. Claude de La Chastre, mareschal de France.
707. Jacques de Loubens, s. de Verdale.
708. Louis Berton de Grillon (*sic, pour :* Crillon).
709. Jean d'Angennes, s. de Poigny.
710. Méry de Barbezières, s. de Chemeraut.
711. Louis de Champagne, comte de La Suze.
712. Jean du Chastelet, s. de Thons.
713. David Bouchard, vicomte d'Aubeterre.
714. Jacques de Mouy, seigneur de Pierrecourt.
715. François de Foix-Candalle, évesque d'Aire.

716. Charles de Gontaut, duc de Biron, mareschal de France.
717. Martin de Ruzé, s. de Beaulieu, grand trésorier.
718. Henry IV.
718. Guillaume Pot, s. de Rhodes.
719. Philippe du Bec, archevesque de Rheims.
720. Henry de Bourbon, duc de Montpensier.
721. François d'Orléans, comte de Saint-Paul.
722. Henry d'Orléans, duc de Longueville.
723. Antoine de Brichanteau, marquis de Nangis.
724. Jean de Beaumanoir-Lavardin, mareschal de France.
725. Roger de Saint-Lary, duc de Bellegarde.
726. Antoine, s. de Roquelaure, mareschal de France.
727. Charles, s. d'Humières.
728. François de Cugnac, s. de Dampierre.
729. Odet de Matignon, comte de Thorigny.
730. Charles de Balzac, baron de Dunes.
731. Charles de Cossé, duc de Brissac, mareschal de France.
732. François de La Madeleine, marquis de Ragny.
733. Claude de l'Isle, s. de Marivaut.
734. Charles de Choiseul, marquis de Praslin, mareschal de France.
735. René Viau, s. de Chanlivaut.
736. Claude Gruel, s. de La Frette.
737. Georges Babou, s. de La Bourdaisière.
738. Henry, duc de Montmorency, connétable.
739. Hercule de Rohan, duc de Montbazon.
740. Alfonce d'Ornano, mareschal de France.
741. Urbain de Laval, s. de Boisdaufin.
742. Gilbert de La Trémoille, marquis de Royan.
743. Jean, s. de Bueil, comte de Sancerre.
744. Guillaume de Gadagne.
745. Louis de l'Hospital, marquis de Vitry.
746. Antoine d'Aumont, comte de Chasteauroux.
747. Louis de La Chastre, mareschal de France.
748. Charles de Herville, s. de Paloiseau.
749. Charles de Neufville, marquis d'Halincourt.
750. Jacques Mitte, s. de Saint-Chamont.
751. François d'Averton, s. de Saint-Belin.
752. Bertrand de Bailens, s. de Poyanne.
753. Brandelis de Champagne, marquis de Vilaines.
754. Charles de Matignon, comte de Thorigny.

755. François Juvenel des Ursins, marquis de Trainel.
756. Jacques Davy, cardinal du Perron, grand aumosnier.
757. Charles, bastard de Bourbon, archevesque de Rouen, chancelier.
758. Jean-Antoine Ursin, duc de Sancto-Gemini.
759. Guillaume de l'Aubespine, marquis de Chasteauneuf, chancelier.
760. Pierre Brulart, s. de Puisieux, grand trésorier.
761. Le roy Louis XIII.
762. Henry de Bourbon, prince de Condé.
763. François, cardinal de La Rochefoucaut.
764. Henry de Gondy, cardinal de Retz.
765. Cristophe de Lestang, évesque de Carcassonne.
766. Gabriel de l'Aubespine, évesque d'Orléans.
767. Artus d'Épinay, évesque de Marseille.
768. Gaston de France, duc d'Orléans.
769. Louis de Bourbon, comte de Soissons.
770. Charles de Lorraine, duc de Guise.
771. Claude de Lorraine, duc de Chevreuse.
772. César, duc de Vendosme.
773. Charles de Valois, duc d'Angoulesme.
774. Charles de Lorraine, duc d'Elbeuf.
775. Henry II, duc de Montmorency.
776. Émanuel de Crussol, duc d'Uzès.
777. Henry de Gondy, duc de Retz.
778. Charles d'Albert, duc de Luynes, connestable.
779. Joachim de Bérengreville, s. de Neuville.
780. Martin du Bellay.
781. Charles, sire de Créquy, mareschal de France.
782. Gilbert Filhet, s. de La Curée.
783. Philippe de Béthune, comte de Selles.
784. Jean-François de La Guiche-Saint-Geran, mareschal de France.
785. René du Bec, marquis de Vardes.
786. Henry de Schomberg, mareschal de France.
787. François de Bassompierre, mareschal de France.
788. Jean-Baptiste d'Ornano, mareschal de France.
789. Timoléon d'Espinay, s. de Saint-Luc, mareschal de France.
790. René Potier, duc de Tresmes.
791. Henry de Baufremont, marquis de Senneçay.
792. Philippe-Émanuel de Gondy, comte de Joigny.

793. Louis de Crevant, vicomte de Brigueil.
794. Bertrand de Vignoles (dit La Hire, marquis de Vignolles).
795. Antoine, comte de Gramont.
796. Melchior Mitte de Saint-Chamont.
797. Honoré d'Albert, duc de Chaulnes, mareschal de France.
798. Léon d'Albert, duc de Luxembourg.
799. André de Cauchefilet, comte de Vauvineux.
800. Lancelot Grognet, s. de Vassé.
801. Charles, sire de Rambures.
802. Antoine de Buade, comte de Frontenac.
803. Nicolas de l'Hospital, duc de Vitry, mareschal de France.
804. Jean de Souvrè, marquis de Courtenvaux.
805. Louis d'Alogny, marquis de Rochefort.
806. François de Silly, duc de La Rocheguyon.
807. Antoine-Hercule de Budos, marquis de Portes.
808. François, comte de La Rochefoucaud.
809. Antoine Ruzé, mareschal d'Effiat.
810. François de Bonne, duc de Lesdiguières, mareschal de France.
811. Alfonce-Louis du Plessis de Richelieu, cardinal, grand aumosnier.
812. Charles de l'Aubespine, marquis de Chasteauneuf, chancelier.
813. Henry-Auguste de Loménie, maistre des cérémonies.
814. Charles Duret, s. de Chevry.
815. Armand du Plessis, cardinal de Richelieu.
816. Louis, cardinal de La Valette.
817. Claude de Rebé, archevesque de Narbonne.
818. Jean-François de Gondy, archevesque de Paris.
819. Henry d'Escoubleau, archevesque de Bordeaux.
820. Henry d'Orléans, duc de Longueville.
821. Henry de Lorraine, comte d'Harcourt.
822. Louis-Émanuel de Valois, comte d'Alets (*sic, pour* : Alais).
823. Henry de La Trémoille, duc de Thouars.
824. Charles de Schomberg, duc d'Halwin.
825. François de Cossé, duc de Brissac.
826. Bernard de La Vallette, duc d'Épernon.
827. Charles-Henry, comte de Clermont et de Tonnerre.
828. Jean de Nettencourt, s. de Vaubecourt.
829. Guillaume de Simiane, marquis de Gordes.
830. François de Nagu, marquis de Varennes.
831. Urbain de Maillé, marquis de Brezé, mareschal de France.

832. Jean de Galard, comte de Brassac. *Douteux.*
833. François, comte de Noailles.
834. Bernard de Bailens, marquis de Poyanne.
835. François de Bonne de Créquy, duc de Lesdiguières.
836. François de Béthune, comte d'Orval.
837. Claude de Rouvroy, duc de Saint-Simon.
838. Charles du Cambout, baron de Ponchasteau.
839. Charles de La Porte, duc de La Meilleraye, mareschal de France.
840. Gabriel de Rochechouart, duc de Mortemar.
841. Antoine, duc d'Aumont, mareschal de France.
842. Just-Henry, comte de Tournon.
843. Charles Damas, comte de Thianges.
844. Hector de Gelas de Voisins, marquis d'Ambres.
845. Henry de Baudéan, comte de Parabère.
846. Roger du Plessis, duc de Liancourt.
847. Claude, marquis de Saint-Simon.
848. Claude de Bullion, garde des sceaux.
849. Michel de Beaucler, baron d'Achères, prévost.
850. Claude Bouthillier, grand trésorier.
851. Léon Bouthillier, comte de Chavigny, grand trésorier.
852. Nicolas Le Jay, garde des sceaux.
853. Pierre Séguier, garde des sceaux.
854. Claude de Mesmes, comte d'Avaux, greffier.
855. Le s. de Bourgneuf, huissier (Paul Aubin).
856. Le s. Benjamin (*sic*), huissier. *A vérifier*[1] (Pierre de Hanique, dit Boisjamin).
857. Noël de Bullion, s. de Bonnelles, greffier.
858. Louis Le Barbier, abbé de La Rivière, chancelier.
859. Abel Servien, chancelier.
860. Antoine, cardinal Barberin, grand aumosnier.
861. Michel Le Tellier, secrétaire d'État, grand trésorier.
862. Hugues de Lyonne, prévost.
863. Jérosme Nouveau, grand trésorier.
864. Bazile Fouquet, abbé, chancelier.
865. Eugène Roger, comte de Villeneuve, maistre des cérémonies.
866. Nicolas Potier de Novion, greffier.
867. Nicolas Jannin de Castille, greffier.
868. Louis Fouquet, évesque d'Agde, chancelier.

1. Le Clair. 1047, fol. 22, porte en plus : « Douteux. »

869. Philippe de France, duc d'Orléans.
870. Camille de Neufville-Villeroy, archevesque de Lyon.
871. François Adhémar de Grignan, archevesque d'Arles.
872. Léonor de Matignon, évesque de Lizieux.
873. Gaspard de Daillon, évesque d'Alby.
874. Philibert-Émanuel de Lavardin, évesque du Mans.
875. Louis de Bourbon, prince de Condé.
876. Henry-Jules de Bourbon, prince de Condé.
877. François de Vendosme, duc de Beaufort.
878. François de Crussol, duc d'Uzès.
879. Louis-Charles d'Albert, duc de Luynes.
880. Charles d'Albert, duc de Chaulnes.
881. François, duc de la Rochefoucaud.
882. Pierre de Gondy, duc de Retz.
883. Antoine, duc de Gramont, mareschal de France.
884. Cézar, duc de Choiseul, mareschal de France.
885. Nicolas de Neufville, duc de Villeroy, mareschal de France.
886. Charles, duc de Créquy.
887. Philippe de Montaut, duc de Navailles, mareschal de France.
888. Jacques Rouxel, comte de Grançay, mareschal de France.
889. Julien, duc Cesarini (Julien Cesarini, duc de Cittanova, gonfalonier de l'église Romaine).
890. François de Beauvillier, duc de Saint-Aignan.
891. Anne, duc de Noailles.
892. François de Comminges, s. de Quitaut (*sic*, *pour :* Guitaut).
893. Alexandre de Melun, prince d'Épinoy.
894. César-Phœbus d'Albret, mareschal de France.
895. François-René du Bec, marquis de Vardes.
896. François-de-Paule de Clermont, marquis de Monglat.
897. François de Simiane, marquis de Gordes.
898. Henry de Beringhen, premier écuyer.
899. Jean du Bouchet, marquis de Sourches.
900. Charles, comte de Froulay.
901. Jacques-François, marquis d'Hautefort.
902. François, s. de Matignon.
903. Charles de Sainte-Maure, duc de Montauzier.
904. François de La Baume, comte de Montrevel.
905. Antoine de Brouilly, marquis de Pienne.
906. Louis de Cardaillac et de Lévis, comte de Bioule.
907. François de Monstiers, comte de Mérinville.

908. Henry de Bailens, marquis de Poyanne.
909. Timoléon, comte de Cossé.
910. Jean-Paul de Gourdon, comte de Vaillac.
911. Nicolas-Joachim Rouaut, marquis de Gamaches.
912. René-Gaspard de La Croix, marquis de Castries.
913. Guillaume de Pechpeirou, comte de Guitaut.
914. François-Michel Le Tellier, marquis de Louvois, chancelier.
915. Flavio Ursin, duc de Bracciane.
916. Louis, duc de Sforce.
917. Philippe Colone, prince de Sonine.
918. Jean, roy de Pologne.
919. Louis, dauphin de France.
920. Antoine de Mesmes, comte d'Avaux.
921. Louis, duc de Bourbon.
922. François-Louis de Bourbon, prince de Conty.
923. César, cardinal d'Estrées.
924. Pierre, cardinal de Bonzy.
925. Pierre du Cambout de Coislin, évesque d'Orléans.
926. Charles de Lorraine, comte de Marsan.
927. Charles-Belgique-Holand, duc de La Trémoille.
928. Émanuel de Crussol, duc d'Uzès.
929. François, duc de La Rochefoucaud.
930. Paul, duc de Beauvillier.
931. Henry-François, duc de Foix.
932. Anne-Jules, duc de Noailles.
933. Armand du Cambout, duc de Coislin.
934. François-Henry de Montmorency, duc de Luxembourg, mareschal de France.
935. Jacques-Henry de Durfort, duc de Duras, mareschal de France.
936. Guy-Aldonce de Durfort, duc de Lorge, mareschal de France.
937. Jean, mareschal d'Estrées.
938. Jean-Baptiste de Cassagnet, marquis de Tilladet.
939. Louis de Caillebot, marquis de La Salle.
940. Louis-François, duc de Boufflers, mareschal de France.
941. Louis de Harcourt, marquis de Beuvron.
942. Joseph de Pons de Montclar.
943. Henry-Charles de Beaumanoir, marquis de Lavardin.
944. Pierre, marquis de Villars.
945. François Adhémar de Monteil, comte de Grignan.
946. Claude, comte de Choiseul, mareschal de France.

947. Jacques, s. de Matignon.
948. Jean-Armand de Joyeuse, mareschal de France.
949. François de Calvo.
950. Antoine Ruzé, marquis d'Effiat. *Douteux.*
951. Auguste Le Hardy, marquis de La Trousse.
952. François de Monestay, marquis de Chazeron.
953. François d'Escoubleau, comte de Sourdis.
954. Philippe-Émanuel de Croy, comte de Solre.
955. André de Bétoulat, comte de La Vauguion.
956. Olivier de Saint-Georges, marquis de Vérac.
957. Alexis-Henry, marquis de Chastillon.
958. Nicolas-Châlon du Blé, marquis d'Uxelles, mareschal de France.
959. René de Froulay, comte de Tessé, mareschal de France.
960. Charles de Mornay, marquis de Villarceaux.
961. Toussaint de Fourbin de Janson, cardinal.
962. Charles Colbert, marquis de Croissy, grand trésorier.
963. Louis Boucherat, garde des sceaux.
964. Louis-Marie-François Le Tellier, marquis de Barbezieux, chancelier.
965. Philippe de France, duc d'Anjou, roy d'Espagne.
966. Louis-Antoine, cardinal de Noailles.
967. Daniel de Cosnac, archevesque d'Aix.
968. Jean-Antoine de Mesmes, maistre des cérémonies.
969. Jean d'Estrées, abbé (d'Évron).
970. Roger Brulart, s. de Puisieux.
971. Louis-Hector, duc de Villars, mareschal de France.
972. Noël Bouton, marquis de Chamilly, mareschal de France.
973. Nicolas-Auguste de La Baume, marquis de Montrevel, mareschal de France[1].

973 *bis*. Un portrait à my jambe, de grandeur naturelle, du duc d'Alençon, frère de Henry III, original[2].

1. A la suite de ce numéro, on lit dans le Clair. 1032 (p. 673, anciennement p. 333) et dans le Clair. 1047, fol. 7 : « Cérémonie de l'ordre du Saint-Esprit, « de 1661 et 1662, faite aux Augustins à Paris, imitée de celle de 1633, sans « bordure. » Ces mots ont été effacés et ne se retrouvent pas dans le Clair. 1047, fol. 24. Cf. n° 439.

2. Il y avait d'abord dans le ms. 1032 : « Sans bordure ; » mais ces mots ont été effacés. Cf. n° 501. — A la suite, p. 674 du ms. Clair. 1032 et fol. 7 du 1047, on lit les mots suivants, qui n'ont pas été reproduits dans le vol. 1047, fol. 24 :

[Addition aux] Chevaliers du Saint-Esprit.

974. François de Bourbon, prince de Conty, chevalier des Ordres.

975. François de Luxembourg, duc de Piney, chevalier des Ordres.

976. Jean d'Aumont, mareschal de France, chevalier des Ordres.

977. M. d'Elbeuf, chevalier des Ordres sous Henry III (Charles de Lorraine, premier duc d'Elbeuf).

978. Louis de Saint-Gelais, chevalier des Ordres, sur bois.

979. François Gouffier de Crèvecœur, chevalier des Ordres.

980. François de Salignac, s. de La Motte-Fénelon, chevalier des Ordres.

981. M. le chancelier de Chiverny, chancelier des Ordres.

982. M. le mareschal d'Ornano, Alphonse, chevalier des Ordres.

983. Guillaume de l'Aubespine-Chasteauneuf. *Je crois que c'est un autre*[1].

984. Martin Ruzé, s. de Beaulieu, grand trésorier.

985. César, duc de Vendosme.

986. Melchior Mitte de Chevrière de Saint-Chamont, chevalier des Ordres.

987. Jean-Baptiste d'Ornano, mareschal de France.

988. François de Silly, duc de La Rocheguion.

989. Eustache de Conflans, vicomte d'Auchy, chevalier des Ordres.

990. Jacques d'Estampes, seigneur de Valençay, chevalier des Ordres.

991. Henry de Bourbon, prince de Condé, chevalier des Ordres. *Bis*[2].

992. Le cardinal de La Valette, commandeur.

993. Charles de Schomberg, duc d'Halwin, mareschal de France.

994. M. le marquis de Chastillon, chevalier des Ordres[3].

995. Nicolas de l'Hospital, mareschal de France.

996. Gilbert Filbet de La Curée, chevalier des Ordres.

997. Le comte de Parabère, chevalier des Ordres.

« Sans que le présent état et les obmissions qui peuvent y estre puissent pré-« judicier aux clauses portées par ledict contract de donation du 19 février mil « sept cent onze. » En marge de ces lignes, Clairambault a écrit : « Ceci est de « Mgr. de Torcy. » Cette note de Torcy s'applique à l'inventaire primitif sans les additions, inventaire comprenant les nos 1-438 et 653-973.

1. A la place des mots en italiques, on lit dans le Clair. 1047, fol. 24 : « Dou-« teux. »

2. Ce mot manque dans le Clair. 1047.

3. Manque dans le 1047, fol. 24 v°, et a été effacé dans le 1032, p. 714, où on lit en marge : « Voyez ci-dessus au n° 957. »

998. Portrait de M. de Villeneuve, prévost des Ordres, sur toile[1].

999. Léonor de Matignon, évesque de Lizieux, commandeur des Ordres.

1000. Le cardinal d'Arquin, chevalier des Ordres (Henri de La Grange, marquis d'Arquien, cardinal en 1695).

1001. M. le mareschal de Chasteaurenaud, chevalier des Ordres.

1002. Le cardinal de La Trémoille, commandeur.

1003. Un chevalier des Ordres, sans nom.

1004. Un chevalier des Ordres. *Je croy de* 1661.

AUTRE ADDITION DE PORTRAITS, LA PLUS GRANDE PARTIE DE CHEVALIERS DES ORDRES, DOUBLES, ET D'AUTRES DE PEU DE VALEUR.

1005. Le roy Charles VII.

1006. Le roy Henry IV.

1007. Mgr. le duc de Bourgogne, dauphin.

1008. Philippe, duc d'Orléans, régent.

1009-1010. Deux Henry de Bourbon, deuxième du nom, prince de Condé.

1011. François de Bourbon, marquis de Conty.

1012. Charles, cardinal de Bourbon, le jeune.

1013. Le cardinal de La Baume (Claude de La Baume, archevesque de Besançon).

1014. Charles d'Escars, cardinal de Givry.

1015. Le cardinal de Richelieu.

1016. Le cardinal de Lyon, son frère.

1017. Le cardinal Mazarin.

1018-1019. Deux (Jean) de Montluc, évesque de Valence.

1020. Un évesque sans nom.

1021-1022. Deux César, duc de Vendosme.

1023-1024. Deux Charles de Valois, duc d'Angoulesme.

1025. Le comte d'Alais, son fils.

1026. Henry de Lorraine, duc de Guise, Balafré.

1027. Henry, duc de Montmorency, connétable de France.

1028. Le duc d'Uzès, en 1637 (Emmanuel de Crussol).

1029. Louis de Gonzague, duc de Nevers.

1030. Charles de Lorraine, duc de Mayenne.

1031. Henry, duc de Rohan.

1. Manque dans le 1047 et a été effacé dans le 1032, où on lit en marge : « Raporté sous le n° 865. »

1032. Tencrède, prétendu fils du duc de Rohan.

1033-1035. Trois Jean-Louis de Nogaret, duc d'Épernon.

1036. Bernard de Nogaret, duc d'Épernon.

1037. Maximilien de Béthune, duc de Sully.

1038. Charles d'Albert, duc de Luynes, connétable de France.

1039-1040. Deux François de Bonne, duc de Lesdiguières, connétable de France.

1041. François de Créquy, duc de Lesdiguières.

1042-1043. Deux Roger du Plessis, duc de Liencourt.

1044. Charles d'Ailly, duc de Chaulnes.

1045. Armand de Gontault, mareschal de Biron.

1046-1047. Deux Charles de Gontault, mareschal de France.

1048. Charles de Choiseul, mareschal de France.

1049. Gilles de Souvré, mareschal de France.

1050. Nicolas de l'Hospital, mareschal de Vitry.

1051-1052. Deux Jean-Baptiste d'Ornano, mareschal de France.

1053. Henry, duc de Montmorency, mareschal de France.

1054. Charles de La Porte, duc de La Meilleraye, idem.

1055. Urbain de Maillé-Brezé, idem.

1056. Bernardin Gigaut de Bellefond, idem.

1057. Anne-Jules, duc de Noailles, idem.

1058. Louis-François, duc de Boufflers, idem.

1059. Honnorat de Savoye, marquis de Villars.

1060-1061. Deux Louis de l'Hospital, seigneur de Vitry, gouverneur de Meaux.

1062. Jean de Mouy, seigneur de La Mailleraye.

1063-1064. Deux Bertrand de Vignolles (Marquis de Vignolles).

1065-1071. Sept cordons bleus, sans nom.

1072. Portrait sans nom, sur bois.

1073. Portrait sur toille, sans nom.

1074. Philippe Huraut de Chiverny, chancelier.

1075. Nicolas Le Jay, premier président et garde des sceaux des Ordres.

1076. Jean-Baptiste Colbert, marquis de Torcy, chancelier des Ordres.

1077. Charles Duret de Chevry, greffier des Ordres.

1078. Nicolas Jannin de Castille, idem.

1079. Louis Phélippeaux, marquis de La Vrillière, idem.

1080. N... (Guillaume) du Vair, garde des sceaux.

1081. Chrestien de Lamoignon, président à mortier.

1082. Le président Barillon.

1083. N... de Saint-Jean, s. de Pointy.

1084. Une dame sans nom.

1085. Gustave-Adolfe, roy de Suède.

1086. Béthléem d'Abor (*sic, pour :* Béthléem Gabor), prince de Transilvanie.

1087. César d'Este.

1088. Albert, comte de Waltain (*sic, pour :* Wallenstein).

1089. Le mareschal de Hoorn (Gustave, comte de Horn).

1090. Mademoiselle d'Alençon, depuis duchesse de Guise (Élisabeth d'Orléans, duchesse d'Alençon, puis de Guise), en dessus de porte.

1091. Autre dame, en dessus de porte.

1092. Élizabeth de France, reine d'Espagne, en dessus de porte.

1093. Autre dame sans nom, en dessus de porte.

1094. Le marquis de Spinola, en dessus de porte.

1095. Madame d'Astarac.

1096. M. de Rostaing (Charles, marquis de Rostaing)[1].

Comme on l'a vu, j'ai été assez heureux pour trouver non seulement la liste des portraits possédés par Gaignières, mais encore le bordereau des prix auxquels ils furent vendus en 1717[2]. Les documents de ce genre sont fort rares pour cette époque, aussi donnerai-je celui-ci en entier, malgré son aridité, car il ne contient que les numéros de l'inventaire et les prix d'adjudication.

L'ordre de l'inventaire ne fut point suivi dans la vente ; on en adopta un plus habile et plus propre à favoriser les enchères ; tantôt présentant les pièces isolément, tantôt les groupant par deux, par trois et plus, jusqu'à quatorze. Il en résulte qu'il est parfois assez difficile de se rendre compte de la valeur atteinte par une peinture déterminée. Pour faciliter cette recherche, je vais d'abord donner, dans l'ordre de l'inventaire, les prix auxquels furent vendues les peintures mises aux enchères séparément, puis viendront celles groupées deux à deux, le tout avec les noms des personnages représentés.

Au delà de ce nombre deux, il est presque impossible de se rendre compte de la valeur attribuée à chaque pièce, surtout pour

1. Ce numéro manque dans le Clair. 1032, p. 718.

2. La vente des tableaux eut lieu du jeudi 29 juillet au vendredi 6 août suivant.

des portraits dont souvent on n'a aucune autre connaissance. Il sera du reste toujours facile de retrouver celui qui intéressera particulièrement, à l'aide des numéros de l'inventaire portés dans le bordereau de la vente.

La liste des peintures vendues séparément pourrait donner lieu à de nombreuses et intéressantes observations sur le goût de l'époque en matière d'art ; je me bornerai à en formuler quelques-unes.

Van Dick atteint les plus hauts prix : le comte d'Arundel est vendu 1,010 l. et le duc de Guise 505. Avec Mignard lui-même, on tombe à 90 l. Porbus n'arrive qu'une fois à 100 l. et ne dépasse pas ordinairement 30 l. Quant à Corneille, assez rarement vendu seul, il n'arrive guère qu'à la moitié de ce dernier prix. Le Charles IX et l'Élisabeth d'Autriche, attribués à François Clouet dit Janet, et que l'on peut admirer au Louvre, sont adjugés pour 62 l. Par contre, les Noces de Joyeuse montent à 353 l. et les deux grandes miniatures venues de Mme de Montespan sont vendues, l'une 516 et l'autre 182 l. Notons encore le paysage de Paul Brill, 201 l.; le Consistoire tenu par Sixte V, 325 l.; le Parlement du duc de Bourgogne, 82 l.; le bâtard de Bourgogne, 62 l.; le Tournoy de la Place royale en 1612, 81 l.; un Erasme est donné pour 3 l. Nous en trouvons un autre, indiqué comme *très beau* dans l'inventaire, vendu 20 l. avec Élisabeth, reine de France.

Pour les lots, composés de quatre à quatorze articles, les prix d'adjudication varient beaucoup, mais ils restent toujours bien minimes. Peu de portraits dépassent 3 ou 4 l., et certains tombent à environ 10 s. pièce.

En résumé, cette partie des collections de Gaignières, qui vaudrait aujourd'hui des millions, fut vendue au prix incroyable de 7,646 l. 17 s.

Peintures vendues séparément.

1. Bal du duc d'Alençon, original, 105 liv.
2. Jacques Ier, roi d'Angleterre, par Porbus, 16 liv. 19 s.
3. Madame Catherine, sœur du roi Henri, par Porbus, 100 liv.
4. La reine Élisabeth, par Porbus, bon original, 8 liv.
5. La princesse (*sic*) de Chevreuse, original, 16 liv. 10 s.
6. La princesse de Guémené, original, 13 liv.

7. Entrée du Roi à Lille, grande mignature, 516 liv.

13. Un beau paysage et un château, excellent original, par....., 43 liv.

14. Vue du sérail de Constantinople, 17 liv. 1 s.

15. Grande mignature de la ville et des environs de Basle, 38 liv. 10 s.

17. Deux portraits du duc de Joyeuse et de son frère, grand-croix, par Janet, 45 liv.

19. Portrait du bâtard de Bourgogne, original de....., 66 liv. 1 s.

20. Paysage de Paul Brill, original, 53 liv. 10 s.

21. Deux petits tableaux, mari et femme, par Corneille, 33 liv. 5 s.

22. Le duc de Guise de son haut, original de Wandeck, 505 liv.

23. Consistoire tenu par Sixte V, original, 325 liv.

26. Louise de Lorraine, princesse de Conti, par Porbus, 30 liv. 10 s.

27. Le prince d'Orange, par Porbus, 30 liv.

28. L'archiduc Albert, en regard avec Claire-Eugénie, sa femme, par Porbus, 48 liv.

29. Bal du temps de Henri III, noces de Joyeuse, original, 353 liv.

34. Fête donnée à Dunkerque par le Roi, grande mignature, original, 182 liv.

35. Vue de Lorette, de Paul Brill, petit original exquis, 201 liv.

36. Catherine de Clèves, duchesse de Guise, par Porbus, 58 liv.

37. Mgr. le duc de Bourgogne, original de Van Scup (Van Schupen), 37 liv. 1 s.

38-39. Charles IX, original, et Élisabeth d'Autriche, sa femme, 62 liv.

40. Parlement du duc de Bourgogne, sur cuivre, original, 82 liv.

41. Tournoi de la Place royale en 1612, 81 liv.

42. Portrait du cardinal de Grandvelle, original, 22 liv.

45. Entrée de ballet de la reine Marie de Médicis, 62 liv.

47. Louis XI, 10 liv. 15 s.

60. Marguerite de Valois, femme de Henri IV, 7 liv. 1 s.

71. Érasme, 3 liv.

101. Pierre l'Hermite, 1 liv. 17 s.

113. Pierre Forget, s. du Fresne, 4 liv. 11 s.

120. Guillaume Budé, 4 liv. 14 s.

287. Madame Guyon, 3 liv.

289. Philippe le Bon, duc de Bourgogne, 8 liv. 2 s.

341 et 343. Un prince d'Orange, une princesse d'Orange (ensemble), 30 liv.

374. Bénigne Bossuet, évêque de Meaux, 6 liv. 10 s.

398. Louis, duc d'Anjou, en pied, en petit habit rouge, 7 liv. 15 s.

408. Louis d'Anjou, roi de Sicile, 7 liv. 14 s.

409. Philippe de Clèves, s. de Ravestin, 9 liv. 1 s.

412-413. Philippe-Guillaume de Nassau, prince d'Orange, et Léonore de Bourbon, sa femme, 33 liv.

421. Jean, sire de Rieux, mareschal de France, 3 liv. 1 s.

440. Ville d'Anvers, 29 liv.

447. Louis XI, sur bois; haut., 13 pouces; larg., 1 pied; bordure dorée, 4 liv. 4 s.

449. Deux petits portraits d'un duc et d'une duchesse de Bretagne; bordure de bois rouge, 1 liv. 5 s.

452. Charles V et sa femme Isabelle de Portugal; bois; haut., 15 pouces; larg., 18 pouces, 7 liv. 12 s.

461. François de Scépeaux, mareschal de La Vieuville, 21 liv. 15 s.

510. Le cardinal de Chastillon; 6 pouces sur 10, 13 liv. 2 s.

516. Le duc de Guise le Balafré, à cheval, sur marbre, 15 liv.

539. Comte d'Arundel, original de Vandeck, 1,010 liv.

540. Charles II, roi d'Espagne, enfant, 11 liv. 14 s.

609. Le chancelier Séguier, 5 liv. 10 s.

610. Le président de Mussy, 18 liv.

621. Marie de Médicis, bordure bois doré, 11 liv. 10 s.

622. Anne d'Autriche, bordure bois doré, 16 liv. 5 s.

623. Gustave-Adolphe, roi de Suède, sans bordure, 6 liv. 6 s.

626. François, duc de Guise, bordure bois doré, 12 liv. 10 s.

627. Cardinal de Lorraine, bordure bois doré, 8 liv. 10 s.

628. Cardinal de Guise, bordure bois doré, 12 liv.

629. Chevalier de Guise, bordure bois doré, 30 liv. 11 s.

631. Le duc de Guise, mort en 1671, en pied, très grand, par Mignard, 90 liv.

633. Connétable de Luynes, 14 liv. 5 s.

634. François de Foix-Candale, évesque d'Aire, 9 liv.

635. Le maréchal de La Meilleraye, 8 liv. 10 s.

638. Jean de Vert, 9 liv. 2 s.

639. L'archevêque de Cambray François de Salignac, 15 liv. 15 s.

641. L'évesque de Fréjus, Clermont-Crusy, 12 liv. 12 s.

643. Marie de Lorraine, princesse de Conty, 12 liv. 5 s.

644. Duchesse de Guise, femme de Charles le Camard, 17 liv.

646. Une dame, par Porbus, original, 18 liv.

648. Une dame sans nom, sur bois, original, 8 liv. 1 s.

649. Élisabeth de France, reine d'Espagne, 12 liv. 11 s.
650. Le prince de Joinville, duc de Guise, mort en 1671, 12 liv.
652. Marie de Lorraine, duchesse de Guise, 52 liv. 5 s.
975. François de Luxembourg, duc de Piney, 8 liv. 5 s.
1095. Madame d'Astarac, 10 liv.
1096. Mr de Rostaing, 1 liv. 7 s.

PORTRAITS ACCOUPLÉS DANS LA VENTE.

444. Deux portraits de Jean et de Charles, ducs de Bourgogne, sur bois. — 445. Philippe le Bon, duc de Bourgogne, 7 liv. 1 s.

443. Philippe le Hardy, duc de Bourgogne, sur bois. — 396. Philippe le Bon, duc de Bourgogne, 2 liv. 10 s.

63. Le roi Charles VII. — 65. Marie d'Anjou, reine de France, 3 liv. 14 s.

392. Un seigneur. — 399. Une dame, 5 liv. 11 s.

163. Charles d'Orléans, comte d'Angoulesme. — 426. Cosme de Médicis, Père de la patrie, 3 liv. 10 s.

48. Charles VIII. — 446. Marie de Bourgogne, femme de Maximilien, 8 liv. 7 s.

401. Charles, duc de Bourbon, connétable. — 400. Jacques de Vendôme, vidame de Chartres, 4 liv. 4 s.

410. Maximilien, archiduc d'Autriche, empereur. — 529. Wolfangus Lazius, philosophus et medicus viennensis, sur bois, 5 liv. 4 s.

333. Mr le duc de Beaufort. — 334. Mr le chancelier Séguier, 20 liv. 2 s.

205. Dame sans nom, anno ætatis suæ 17. — 394. Isabelle de Portugal, duchesse de Savoie, 5 liv.

584. Une dame sans nom. — 585. Une dame sans nom, 5 liv.

544. Un seigneur sans nom. — 547. Un seigneur sans nom, 5 liv. 15 s.

49. François Ier. — 52. La reine Éléonore d'Autriche, seconde femme de François Ier, 15 liv.

50. Une dame sans nom. — 541. Cardinal sans nom, sur bois, 2 liv. 12 s.

238. Élisabeth de France, reine d'Espagne. — 433. Érasme, très beau, 20 liv.

625. Claude, duc de Guise. — 642. Antoinette de Bourbon, duchesse de Guise, 35 liv.

432. Louise de Lorraine, princesse de Conty. — 478. Catherine de Médicis, sur bois, 8 liv. 5 s.

284. Catherine-Henriette de Balzac d'Entragues, marquise de Verneuil. — 293. Diane de Poitiers, 18 liv.

17. Le duc de Joyeuse, par Janet. — 17. Son frère, grand-croix, par le même, 45 liv.

58. La reine Louise, femme de Henri III. — 67. Marguerite de France, reine de Navarre, 7 liv.

223. Charles IX. — 225. Henri de Lorraine, duc de Guise, 15 liv. 5 s.

294. Henri de Bourbon, prince de Condé. — 500. Louis de Bourbon, prince de Condé, 24 liv. 11 s.

69. Élisabeth d'Autriche, femme de Charles IX. — 59. Le roi Charles IX, 16 liv. 5 s.

1091. Dame, en dessus de porte. — 1093. Dame, en dessus de porte, 3 liv. 14 s.

1092. Élisabeth de France, reine d'Espagne, en dessus de porte. — 1090. Mademoiselle d'Alençon, depuis duchesse de Guise, en dessus de porte, 8 liv. 5 s.

1013. Le cardinal de La Baume. — 441. Chasteau de Chastelus, en Bourgogne, 5 liv. 5 s.

248. Cosme Clausse, évesque de Châlons. — 249. Jérosme Burgensis, id., 4 liv. 6 s.

262. Henri III, en habit de chevalier du Saint-Esprit. — 263. Seigneur, 3 liv. 5 s.

276. Concino Concini, mareschal d'Ancre. — 277. Léonore Galligay, sa femme, 8 liv. 1 s.

298. Marie de Lorraine, duchesse de Guise. — 300. Anne-Marie-Louise d'Orléans, 4 liv. 15 s.

297. Madame de Maintenon. — 302. Henry de La Tour, vicomte de Turenne, 14 liv.

299. Évêque ou prêtre sans nom. — 304. René du Plessis, marquis de Jarzé, 5 liv. 14 s.

630. Duc de Guise. — 637. Cardinal de Lorraine, 3 liv. 7 s.

8-11. Dessins du duc de Bourgogne, etc., 12 liv. 8 s.

16. Vue et paysage d'Heidelberg. — 33. Un duc de Saxe et sa femme, dans un même tableau, original, 13 liv. 15 s.

51. Le roy Henry II. — 54. Le roy François II, 10 liv. 6 s.

528. Petit portrait ovale sur cuivre du mareschal de Biron, le père, mignature. — 559. Boëte à portrait, ovale, d'ébène, dans laquelle est le portrait d'une dame, mignature, 14 liv. 1 s.

456. Petit portrait d'Henri VIII d'Angleterre, mignature. — 466.

Louise de Bourbon, abbesse de Fontevrault, émail sur cuivre, 9 liv. 15 s.

448. Henri II. Petit portrait en mignature de Louis XI ou de Louis XII, cadre d'ébène, 10 liv. 1 s.

341. Un prince d'Orange. — 343. Une princesse d'Orange, 30 liv.

21. Deux petits tableaux du mari et de la femme, par Corneille, 33 liv. 5 s.

24. Philippe II, roi d'Espagne, original. — 25. Élisabeth, femme de l'empereur Charles-Quint, original, 28 liv.

513. Louise de Lorraine, femme d'Henry III. — 235. Léonor d'Orléans, duc de Longueville, 10 liv.

93. Jacques de Savoie, duc de Nemours. — 237. François de France, duc d'Alençon, 11 liv. 10 s.

620. La ville de Châlons à l'encre de Chine. — 619. Le chasteau de Cormatin, id., 81 liv.

412. Philippe-Guillaume de Nassau, prince d'Orange. — 413. Léonore de Bourbon, sa femme, 33 liv.

28. L'archiduc Albert, par Porbus. — 28. Claire-Eugénie, sa femme, 48 liv.

38. Charles IX, original. — 39. Élisabeth d'Autriche, sa femme, original, 62 liv.

Portraits vendus par lots.

612. Vignacourt, grand maître de Malte. — 976. Jean d'Aumont, maréchal de France. — 1026. Henry de Lorraine, duc de Guise, balafré. — 1030. Charles de Lorraine, duc de Mayenne. — 1032. Tancrède, prétendu fils du duc de Rohan. — 1036. Bernard de Nogaret, duc d'Épernon. — 1037. Maximilien de Béthune, duc de Sully. — 1041. François de Créquy, duc de Lesdiguières. — 1042. Roger du Plessis, duc de Liancourt. — 1049. Gilles de Souvré, maréchal de France. — 1050. Nicolas de l'Hospital, maréchal de France. — 1060. Louis de l'Hospital, s. de Vitry, gouverneur de Meaux. — 1039. François de Bonne, duc de Lesdiguières, connétable. — 978. Louis de Saint-Gelais, chevalier des Ordres, sur bois, 14 liv.

570. Marie d'Avaugour, dame de Plisse. — 571. Madame de Canaple. — 572. Ambroise de Maillé, demoiselle de Brezé. — 574. Hélène de La Cour, dame de Belière. — 575. Madame de Gourville. — 578. Madame de Casault de La Roche-Baraton. — 577. Renée Audebaut, demoiselle de Prounidre, 2 liv. 10 s.

81. Claude d'Espinay, comte de Durtal. — 107. Jean de Saux,

s. de Tavannes. — 230. Portrait turc. — 230. Id. — 259. Antoine, s. de Pons. — 238. Élisabeth de France, reine d'Espagne, 2 liv. 15 s.

517. François Gouffier, s. de Bonnivet. — 458. Le duc d'Étampes ou connétable de Montmorency. — 522. La comtesse de Sommerive. — 498. Jeanne d'Albret, reine de Navarre (4 exemplaires), 3 liv. 5 s.

1010. Henri II de Bourbon, prince de Condé. — 1047. Charles de Gontaut, maréchal de France (2 exemplaires). — 1048. Charles de Choiseul, maréchal de France. — 1033. Jean-Louis de Nogaret, duc d'Épernon. — 614. Ferdinand de Médicis, grand-duc de Toscane. — 1009. Henri II de Bourbon, prince de Condé, 3 liv. 10 s.

90. François de Scépeaux, s. de la Vieuville, maréchal de France. — 126. Françoise d'Orléans, princesse de Condé. — 137. Henri de Montmorency, s. de Damville. — 202. Henri de Lorraine, duc de Guise, 9 liv. 3 s.

1051. Jean-Baptiste d'Ornano, maréchal de France. — 1072. Portrait sans nom sur bois. — 987. Jean-Baptiste d'Ornano, maréchal de France. — 986. Melchior Mitte de Chevrières, de Saint-Chamont, chevalier des Ordres. — 1027. Henri, duc de Montmorency, connétable. — 995. Nicolas de l'Hospital, maréchal de France, 3 liv. 16 s.

228. Odet de Coligny, cardinal de Chatillon. — 229. Barnabé Brisson. — 224. Charles de Balzac, s. de Dunes. — 154. Henri, prince de Navarre, âgé de vingt-deux mois, 9 liv. 1 s.

9, 10, 12. Dessins du duc de Bourgogne et de ses frères, 18 liv. 18 s. (les n°s 8 et 11 : 12 liv. 8 s.).

187. Jeanne d'Albret, reine de Navarre. — 332. Dame, sans nom. — 312. Portrait, sans nom. — 358. Un seigneur, 7 liv. 18 s.

526. Louis de Saint-Gelais, s. de Lansac. — 257. Antoine Coëffier, maréchal d'Effiat. — 269. Michel de l'Hospital, chancelier. — 136. Philippe de Strozzi, colonel. — 234. Artus de Cossé, s. de Gonnor, maréchal de France. — 553. Albert de Gondy, comte de Retz, maréchal de France, 24 liv.

117. Charles de Gondy, s. de La Tour. — 108. Arthus Gouffier, s. de Boisy. — 210. Anne d'Est, duchesse de Guise. — 204. Anne de Montmorency, connétable. — 98. Jacques d'Albon, s. de Saint-André, maréchal de France. — 273. Charles de Gontaut, duc de Biron, 24 liv.

140. Béatrix Pacheco, comtesse d'Entremont. — 148. Marguerite de Bourbon, duchesse de Nevers. — 151. Anne de Montmorency, connétable. — 438. Jeanne d'Halwin, dame d'Halluye. — 527. Gabrielle de Rochechouart, dame de Lansac, 18 liv.

201. Seigneur. — 208. Catherine de Clèves, duchesse de Guise. — 231. Seigneur. — 496. Jeanne d'Albret, reine de Navarre, 9 liv. 6 s.

109. Claude de France, duchesse de Lorraine. — 136. Philippe Strozzi, colonel. — 477. Henri II. — 128. Henri d'Albret, roi de Navarre, 9 liv.

411. Maximilien II, empereur. — 594. François, dauphin. — 264. Louis de Saint-Gelais, s. de Lansac. — 213. Louis Ier de Bourbon, prince de Condé, 15 liv. 2 s.

313. Louis XIII. — 340 D. Dame. — 340 E. Dame. — 161. Catherine de Médicis. — 317. Renée de France, duchesse de Ferrare, 16 liv.

487. Élisabeth d'Autriche, femme de Charles IX. — 514. Louise de Lorraine, femme d'Henri III. — 61. Charles IX, 8 liv. 12 s.

Bordereau général de la vente des tableaux de Gaignières[1].

101, 1 liv. 17 s.
444-5, 7 liv. 1. s.
443, 396, 2 liv. 10 s.
390, 446, 3 liv. 6 s.
418-9, 420, 6 liv. 15 s.
436, 434, 193, 4 liv. 4 s.
63, 65, 3 liv. 14 s.
430, 1 liv. 17 s.
44, 10 liv. 14 s.
392, 399, 5 liv. 11 s.
447, 4 liv. 4 s.
395, 385, 385, 5 liv.
398, 7 liv. 15 s.
47, 10 liv. 15 s.
408, 7 liv. 14 s.
427-8, 307-8, 5 liv.
421, 3 liv. 1 s.
163, 426, 3 liv. 10 s.
48, 446, 8 liv. 7 s.
401, 400, 4 liv. 6 s.
89, 364, 365, 2 liv. 11 s.
120, 4 liv. 14 s.
410, 529, 5 liv. 4 s.
382, 387, 415, 453, 16 liv. 15 s.
333, 334, 20 liv. 2 s.
152, 417, 455, 22 liv.
409, 9 liv. 1 s.
199, 251, 270, 7 liv. 1 s.
239, 260, 252, 254, 253, 10 liv.
205, 394, 5 liv.
214, 218, 357, 379, 9 liv. 10 s.
452, 7 liv. 2 s.
113, 4 liv. 11 s.
288, 451, 6 liv. 2 s.
612, 976, 1026, 1030, 1032, 1036-7, 1041-2, 1049, 1050, 1060, 1039, 978, 14 liv.
449, 1 liv. 5 s.
110, 111, 112, 2 liv. 7 s.
71, 3 liv.
570, 570, 571, 572, 574, 575, 576, 577, 2 liv. 10 s.
579, 580, 582-3, 586-7, 2 liv. 11 s.

1. Bibl. nat., Clairambault, 1032, p. 841 et suiv.

552, 589-90, 592, 2 liv. 12 s.
584-5, 5 liv.
351, 386, 158, 366, 380, 340B, 7 liv. 1 s.
544-7, 5 liv. 15 s.
425, 357, 349, 7 liv. 15 s.
310, 141, 511, 13 liv. 14 s.
145, 170, 8 liv. 12 s.
393, 122, 475, 7 liv.
78, 130, 391, 454, 12 liv.
197, 369, 85, 370, 466, 7 liv. 5 s.
94, 106, 125, 422, 7 liv. 11 s.
146, 147, 159, 6 liv.
139, 164, 457, 8 liv. 1 s.
104-5, 397, 4 liv. 5 s.
49, 52, 15 liv.
50, 541, 2 liv. 12 s.
195, 363, 429, 591, 4 liv. 11 s.
320, 337, 336, 318, 306, 335, 319, 361, 28 liv.
244, 243, 242, 241, 245, 554, 11 liv. 11 s.
510, 13 liv. 2 s.
184, 460, 474, 168, 467, 20 liv. 5 s.
360, 388, 389, 389, 121, 18 liv. 10 s.
367, 99, 119, 80, 12 liv. 1 s.
461, 21 liv. 15 s.
238, 433, 20 liv.
19, 66 liv. 1 s.
30, 22 liv.
31, 25 liv.
32, 32, 32 liv.
87, 102, 362, 75, 207, 114, 14 liv. 10 s.
57, 486, 73, 64, 62, 68, 103, 18 liv. 10 s.
281, 283, 25 liv. 1 s.
610, 18 liv.
66, 70, 72, 12 liv.
55, 56, 15 liv. 5 s.
352, 354, 15 liv. 5 s.
F 340, 167, 156, 8 liv. 1 s.
155, 178, 217, 15 liv. 7 s.
462, 353, 549, 355, 31 liv. 16 s.
175, 177, 18 liv. 12 s.
502, 255, 9 liv.
81, 107, 230, 230, 259, 538, 2 liv. 15 s.
115, 186, 246, 450, 476, 536, 5 liv. 4 s.
192, 459, 464, 473, 479, 6 liv.
532, 6 liv. 6 s.
267, 240, 247, 274, 6 liv. 11 s.
233, 250, 261, 7 liv. 15 s.
143, 169, 123, 509, 138, 265, 273, 20 liv.
215, 219, 5 liv. 7 s.
226, 504, 515, 7 liv. 10 s.
564, 7 liv.
618, 16 liv. 5 s.
519, 524, 571-3, 10 liv. 8 s.
465, 468, 497, 507, 525, 581, 14 liv. 6 s.
633, 14 liv. 5 s.
402-7, 31 liv.
289, 8 liv. 2 s.
634, 9 liv.
431, 518, 10 liv. 6 s.
501, 65 liv. 5 s.
282, 523, 13 liv. 5 s.
512, 521, 542, 520, 7 liv.
517, 458, 522, 498, 3 liv. 5 s.
74, 77, 79, 198, 13 liv. 6 s.
100, 118, 127, 129, 11 liv. 7 s.
216, 227, 256, 236, 26 liv.
96, 291, 292, 295, 8 liv.
83, 84, 86, 95, 7 liv. 7 s.
82, 196, 280, 290, 10 liv. 2 s.
626, 12 liv. 10 s.
359, 222, 378, 425, 9 liv. 13 s.

228, 229, 224, 154, 9 liv. 1 s.
97, 131, 124, 285, 22 liv. 5 s.
625, 642, 35 liv.
516, 15 liv.
432, 478, 8 liv. 5 s.
629, 30 liv. 11 s.
284, 293, 18 liv.
183, 185, 181, 179, 9 liv. 10 s.
17, 17, 45 liv.
58, 67, 7 liv.
483, 548, 480, 482, 17 liv.
350, 481, 484, 10 liv. 13 s.
223, 225, 15 liv. 5 s.
294, 500, 24 liv. 11 s.
69, 59, 16 liv. 5 s.
374, 6 liv. 10 s.
1010, 1047, 1048, 1033, 614, 1009, 3 liv. 10 s.
991, 1057, 1006, 985, 1025, 613, 17 liv.
1051, 1072, 987, 986, 1027, 995, 3 liv. 16 s.
1017, 1073, 992, 979, 1074, 1038, 4 liv. 10 s.
993, 656, 1062, 1058, 1019, 611, 5 liv.
1022, 1015, 1035, 1034, 1045, 1054, 3 liv.
1014, 1016, 1012, 1024, 1023, 1028, 3 liv. 11 s.
997, 996, 1078, 1077, 1063, 1018, 3 liv. 16 s.
981, 984, 1021, 1061, 1040, 1043, 3 liv. 1 s.
1083, 1084, 1005, 1088, 1080, 1081, 3 liv. 4 s.
980, 1089, 1003, 999, 880, 1020, 3 liv. 1 s.
1053, 974, 1075, 1046, 616, 617, 6 liv. 11 s.
1082, 1031, 1052, 1064, 1004, 1085, 1086-7, 1055, 7 liv. 5 s.
1096, 1 liv. 7 s.
609, 5 liv. 10 s.
651, 6 liv.
1091, 1093, 3 liv. 14 s.
1092, 1090, 8 liv. 5 s.
1094, 5 liv.
623, 6 liv. 6 s.
1013, 441, 5 liv. 5 s.
43, 10 liv. 1 s.
440, 29 liv.
540, 11 liv. 14 s.
248, 249, 4 liv. 6 s.
262-3, 3 liv. 5 s.
133, 258, 5 liv. 10 s.
286, 276-7, 8 liv. 1 s.
200, 232, 266, 271, 8 liv. 10 s.
203, 206, 301, 305, 12 liv. 15 s.
268, 189, 368, 134, 8 liv. 12 s.
376, 194, 371, 12 liv. 1 s.
165, 172, 220, 315, 16 liv.
137, 144, 149, 150, 11 liv. 14 s.
628, 12 liv.
649, 12 liv. 11 s.
648, 8 liv. 1 s.
627, 8 liv. 10 s.
160, 416, 381, 326, 12 liv. 13 s.
316, 322, 324, 424, 14 liv.
314, 321, 503, 162, 13 liv. 11 s.
173, 182, 174, 171, 12 liv. 15 s.
212, 275, 303, 375, 15 liv. 1 s.
166, 328, 323, 414, 9 liv. 18 s.
191, C340, 423, 578, 10 liv. 6 s.
153, 506, 180, 176, 21 liv. 5 s.
190, 296, 377, 543, 5 liv. 19 s.
298, 300, 4 liv. 15 s.
297, 302, 14 liv.

299, 304, 5 liv. 14 s.
82, 533, 76, 588, 6 liv. 1 s.
91, 372, 272, 534, 16 liv. 15 s.
639, 15 liv. 15 s.
643, 12 liv. 5 s.
644, 17 liv.
622, 16 liv. 5 s.
621, 11 liv. 10 s.
624, 16 liv. 10 s.
1095, 10 liv.
975, 8 liv. 5 s.
641, 12 liv. 12 s.
650, 12 liv.
N 535, 562, 565, G 569, 12 liv. 15 s.
530, 531, E 569, F 569, 9 liv. 9 s.
561, 563, A 569, 492, 7 liv. 10 s.
489, O 569, Q 569, S 569, P 569, 4 liv. 10 s.
484, 490, 569, D 569, 6 liv. 10 s.
356, 485, 508, 6 liv. 15 s.
339, A 340, 338, 311, 11 liv.
327, 329, 325, 330, 16 liv. 10 s.
G 340, 221, 331, 384, 8 liv. 1 s.
187, 332, 312, 358, 7 liv. 18 s.
142, 148, 309, 383, 10 liv. 10 s.
526, 257, 269, 136, 234, 553, 24 liv.
117, 108, 210, 204, 98, 273, 24 liv.
88, 463, 211, 495, 209, 20 liv.
140, 148, 151, 157, 438, 527, 18 liv.
630, 637, 3 liv. 7 s.
638, 9 liv. 2 s.
635, 8 liv. 16 s.
648, 8 liv. 6 s.
8 et 11, 12 liv. 8 s.
14, 17 liv. 1 s.
9, 10, 12, 18 liv. 18 s.
16, 33, 13 liv. 15 s.
116, 537, 278, 279, 12 liv. 6 s.
201, 208, 231, 496, 9 liv. 6 s.
90, 126, 137, 202, 9 liv. 3 s.
92, 588, 132, 499, 8 liv. 16 s.
109, 135, 477, 128, 9 liv.
411, 594, 264, 213, 15 liv. 2 s.
313, D 340, E 340, 161, 317, 16 liv.
487, 514, 61, 8 liv. 12 s.
60, 7 liv. 1 s.
51, 54, 10 liv. 6 s.
528, 559, 14 liv. 1 s.
456, 566, 9 liv. 15 s.
Charles IX, 493, H J L M N 569, 13 liv. 10 s.
Henry II, 448, 10 liv. 1 s.
569, 469, 469, 17 liv. 5 s.
558, 6 liv. 11 s.
J 340, 344, 345, 7 liv. 10 s.
L et N 340, 346, 347, 12 liv. 5 s.
H et M 340, 342, 348, 15 liv. 13 s.
341, 343, 30 liv.
21, 21, 33 liv. 5 s.
4, 8 liv.
2, 10 liv. 19 s.
6, 13 liv.
5, 16 liv. 10 s.
26, 30 liv. 10 s.
24, 25, 28 liv.
513, 235, 10 liv.
93, 237, 11 liv. 10 s.
646, 18 liv.
27, 30 liv. 10 s.
620, 619, 81 liv.
412-3, 33 liv.
13, 43 liv.

28, 28, 48 liv.
37, 37 liv. 1 s.
15, 38 liv. 10 s.
652, 52 liv. 5 s.
20, 53 liv. 10 s.
42, 22 liv. 7 s.
38, 39, 62 liv.
631, 90 liv.
1, 105 liv.
45, 62 liv.
41, 81 liv.
34, 182 liv.
7, 516 liv.
29, 353 liv.
23, 325 liv.
40, 82 liv.
36, 58 liv.
35, 201 liv.
539, 1010 liv.
22, 505 liv.
3, 100 liv.
287, 3 liv.

Chevaliers de l'Ordre, au nombre de 345, 600 liv.

Total de la vente des tableaux : 7,646 liv. 17 s.

Bien qu'il se soit écoulé près de deux siècles depuis la dispersion aux enchères des portraits réunis par Gaignières, je pense qu'il en subsiste d'assez nombreuses épaves dans les collections publiques ou privées. Deux causes ont dû contribuer à les préserver de la destruction : ils étaient souvent de petite dimension, et, dans ce cas, généralement sur bois, c'est-à-dire plus faciles à loger et moins susceptibles de détérioration ou de destruction que des toiles. Jusqu'à ces derniers temps, on n'avait aucun moyen de les reconnaître dans les collections ; il sera désormais facile de le faire, grâce à l'inventaire publié ici en entier pour la première fois, grâce surtout à ce que j'ai eu le bonheur de découvrir la vraie signification du cachet rouge aux armes de Colbert. Tout conservateur de musée, tout amateur ou possesseur de ces précieux spécimens de notre vieil art national, pourra désormais reconnaître du premier coup leur provenance du cabinet de Gaignières.

Pour en dresser un état à peu près complet, il faudrait parcourir tous les musées de province et visiter les collections particulières ; c'est un plaisir que je ne puis me permettre. Je donnerai seulement le résultat de mes investigations dans quelques musées et collections. C'est à messieurs les conservateurs et amateurs de compléter l'œuvre, et de rendre à Gaignières au moins une partie de ce qui lui appartient.

Musée de Versailles.

3111. Louis, sire de la Trémoille. (414.)[1].
3151. Du Bellay (Guillaume). (141.)
3152. Du Bellay (Jean), cardinal. (96.)
3171. Escars (Suzanne d'), dame de Pompadour. (157.)
3172. Pacheco d'Ascalona (Béatrix). (140.)
3183. Antoine de Bourbon, roi de Navarre. (176, 211, 603.)
3184. Jeanne d'Albret, reine de Navarre. (186, 604.)
3185. Nevers (Marguerite de Bourbon, duchesse de). (148.)
3186. Bourbon (Jean de), comte de Nevers. (78, 206.)
3190. Montmorency (Anne, duc de). (151, 391.)
3191. Turenne (François de La Tour d'Auvergne, vicomte de). (133.)
3192. Turenne (Éléonore de Montmorency, vicomtesse de). (134.)
3202. Saint-André (Jacques d'Albon, s. de), maréchal de France. (98, 153.)
3205. Hallewin (Louise de), dame de Cypierre. (187.)
3206. Hallewin (Jeanne de), dame d'Alluye. (438.)
3207. Appelvoisin (François d'), s. de La Roche-du-Maine. (268.)
3211. Guise (François de Lorraine, duc de). (626.)
3212. Este-Ferrare (Anne d'), duchesse de Guise, puis de Nemours. (210.)
3215. Maximilien II, empereur d'Allemagne. (410.)
3218. Coligny (Odet de), cardinal de Châtillon. (111.)
3220. Vieilleville (François de Scépeaux, s. de), maréchal de France. (90, 461.)
3223. La Rochefoucauld (François III, comte de). (116, 808.)
3225. Gouffier (Claude de Roannais, marquis de Boisy, grand écuyer). — N'est pas dans l'inventaire.
3230. Guise (Henri de Lorraine, duc de). (202, 352.)
3239. Charles IX, roi de France. (59, 183, 223.)
3242. Nemours (Jacques de Savoie, duc de). (115, 155.)
3246. Cossé (Artus de), maréchal de France. (731.)
3249. Carnavalet (François de Kernevoy, s. de). (100.)
3259. Angoulême (Henri d'), grand prieur de France. (236.)
3263. Guise (Louis de Lorraine, cardinal de). (654.)
3295. Gramont (Diane d'Andoins, comtesse de). (372.)
3300. Montmorency (Louise de Budos, duchesse de). (291.)

1. Les numéros entre parenthèses sont ceux de l'Inventaire.

3301. La Valette (Bernard de Nogaret de). (826.)
3334. Rostaing (Anne de), baronne de Sourdis. (272.)
3355. Épernon (Jean-Louis de Nogaret de La Valette, duc d'), amiral. (691, 1083.)
3359. Cheverny (Françoise de Chabot, comtesse de). (279.)
3070. Parlement du duc de Bourgogne. (40.)

Musée du Louvre.

107. Charles IX. (38.)
108. Élisabeth d'Autriche, femme de Charles IX. (39.)
110. François Ier. (49.)
112. Henri II. (51.)
117. Jacques Bertaut, contrôleur de la maison du roy. (378.)
118. Louis de Saint-Gelais, s. de Lansac. (526.)
119. Diane, légitimée de France. (132.)
121. Jean Babou de La Bourdaisière. (76.)
122. Nicolas de Neuville, s. de Villeroy. (83, 674.)
123. Inconnu.
125. Claude de Beaune, duchesse de Roannais. (232.)
652. Juvénal des Ursins. (755.)
656. Bal du duc d'Alençon. (1.)
657. Bal pour les noces de Joyeuse. (29.)

Bibliothèque nationale.

Le roi Jean, n° 1 de l'exposition à la Bibliothèque, n° 46 de l'Inventaire.

Louis II d'Anjou, roi de Sicile, aquarelle. Estampes.

Charles VIII et Anne de Bretagne, miniatures, ms. latin 1190.

Henri II, miniature. Estampes.

Musée Condé a Chantilly.

Antoine, bâtard de Bourgogne. (19.)

Marguerite de France, reine de Navarre. (67.)

Marguerite de France, duchesse de Berry. (159.)

Chateau d'Azay-le-Rideau (Indre-et-Loire).

Portrait du duc d'Alençon. (196.)

Portrait de Jeanne d'Albret. (Traces de cachet, 78, 212, 495, 498.)

Musée de Besançon.

295. François de Scépeaux, sire de Vieilleville, maréchal de France.

Gaignières possédait cinq portefeuilles de crayons, ou plutôt cinq albums, car tous, sauf le dernier, sont désignés : *livres en blanc, reliés en veau.* Ils étaient de valeur fort inégale, comme quantité et comme qualité des pièces qui s'y trouvaient réunies. Deux surtout méritent d'attirer l'attention.

Suivant l'ordre de l'Inventaire de Clairambault, nous commencerons par le portefeuille coté 132, qui, dit le rédacteur, est *un livre blanc, relié en veau, où sont* 133[1] *portraits en pasteils, tous folios.* On retrouve presque tous ces portraits à la Bibliothèque nationale, parmi ceux que M. Bouchot désigne par la lettre H[2]. Sur la foi de Joly, ancien conservateur des Estampes, il en attribue l'origine à Gaignières, et la liste publiée par nous ci-après apporte une preuve certaine à l'appui de cette allégation de Joly. Après M. Bouchot, excellent juge en la matière, nous n'insisterons pas sur la valeur artistique de la plupart de ces portraits, et nous renvoyons le lecteur à son intéressante étude[3].

Chaque portrait porte au dos, en belle cursive de la fin du XVIIe siècle, le mot *Villeflix,* écrit, soit ainsi, soit *Vileflix,* soit en abrégé : *Vx.* Partant de là, M. Bouchot a établi la provenance de ces crayons avec sa pénétration et sa sagacité habituelles. Il fait honneur de la composition du recueil primitif à un vieux parlementaire, nommé Antoine du Bouchet, mort, fort âgé, en 1639, et pense qu'il vint à Gaignières par son fils Jean-Jacques du Bouchet de Villeflix, ou par la fille de ce dernier, la marquise Bouton de Chamilly. Nous n'avons point de traces, dit M. Bouchot, de la vente ou du don fait à Gaignières de ces crayons[4]. Sur ce point, nous ne sommes pas plus avancé que

1. Il y en a réellement 134, comme on le verra par la liste donnée plus loin.
2. Ces crayons sont aux Estampes, dans le recueil Na 21a.
3. *Les Portraits aux crayons des XVIe et XVIIe siècles conservés à la Bibliothèque nationale,* 1 vol. grand in-8°. Paris, Oudin, 1884, p. 59 et suiv.
4. *Ibid.*, p. 57. — Dans l'Introduction, placée en tête de l'*Inventaire des dessins exécutés pour Gaignières,* M. Bouchot se ravise et dit, p. XVI, que ces crayons ont été achetés par Gaignières à la vente de M. le président de Bournonville, en 1706 ou 1707. Il y a là, selon moi, une erreur dont je crois deviner la source. Je lis en effet, fol. 39 et 42 du ms. fr. 24488, qui contient des notes de Gaignières sur ses acquisitions, qu'en décembre 1706 il acheta des livres et des manuscrits à la vente de M. le Pr. de Bournonville. M. Bouchot aura sans doute interprété ces deux initiales Pr. par président, et, comme ce surnom de Bournonville a été porté par les du Bouchet, il a vu là un président de Bournonville, membre de cette famille. Mais, en 1706, le dernier des

notre savant confrère, mais la correspondance de Gaignières fournit des preuves positives de son intimité avec M. de Villeflix (Jean-Jacques) et avec sa fille et son gendre, la marquise et le marquis de Chamilly.

Nous avons déjà cité une lettre de condoléance de M. de Villeflix, à propos de la mort du duc de Guise en 1671 ; en voici une autre, du 28 janvier 1672, qui montre quels étaient ses rapports avec Gaignières, et que même il lui faisait des cadeaux pour son cabinet :

Comme je suis obligé, Monsieur, de faire aujourd'huy quelques visites de deuil, je ne puis consumer la desbauche de M. Petau; ne doublés pas, s'il vous plaist, que je n'en aie regret, puisque aimant les plaisirs de cette nature et les debvant partager avec vous ils m'en debvoient estre plus sensibles; nous tâcherons de les recouvrer. Je vous renvoie vostre livre, dont je vous remercie très humblement, et l'Entrée des Polonois, en laquelle je m'estois persuadé qu'il y manquoit quelque chose; je faisois grand scrupule qu'il sortît quelque chose de mes mains pour entrer dans les vostres qui fût imparfait, et je ne voudrois pas mesme vous dire que je suis tout à vous, si je ne l'estois aussi parfaittement que je le suis.

De Villeflix[1].

Les Polonais firent à Paris deux entrées restées célèbres. Lors de la première, en 1573, ils apportaient la couronne au duc d'Anjou, plus tard Henri III; lors de la seconde, en 1645, ils

du Bouchet était mort depuis plusieurs années, ne laissant qu'une fille, Mme la marquise de Chamilly, et l'on ne trouve point à cette époque de président de Bournonville. Il s'agit ici, non pas d'un magistrat, mais d'un membre d'une grande famille wallone, qui servit tour à tour l'Empire et la France, où elle fut élevée à la pairie; et le personnage en question n'est autre qu'Alexandre-Albert-François-Barthélemy, duc et prince de Bournonville, lieutenant des gendarmes de la garde et maréchal des camps et armées du roi, qui avait épousé, en 1682, Marie-Victoire d'Albert, fille du duc de Luynes, et qui mourut le 3 septembre 1705. Il était, dit le Père Anselme (t. V, p. 841), « sçavant dans la « connoissance des médailles et très curieux des antiquitez. » Voilà encore un amateur dans le grand monde; c'est à sa vente après décès que Gaignières fit les acquisitions dont il est parlé dans le ms. 24488, parmi lesquelles, du reste, il n'est point fait mention de crayons ou de pastels, comme on disait alors. Je persiste donc à penser que ceux du portefeuille vinrent à Gaignières par M. du Bouchet de Villeflix, ou par sa fille la marquise de Chamilly.

1. Bibl. nat., ms. fr. 24991, fol. 492.

venaient chercher Marie de Gonzague pour la conduire à son époux, leur roi Ladislas IV. Dans l'une et l'autre, les seigneurs polonais étonnèrent les Parisiens par la richesse et l'étrangeté de leurs costumes. Rien dans la phrase de M. de Villeflix n'indique à laquelle des deux elle se rapporte; mais la crainte où il est qu'il n'y manquât quelque chose permet de penser qu'il s'agissait d'un recueil de miniatures, dessins ou gravures.

Gaignières était au mieux avec la fille et le gendre de M. de Villeflix. Ils lui écrivent fréquemment de Strasbourg, Fribourg, la Rochelle et Paris, lui faisant des offres de service lors de la mort de Mlle de Guise, le priant de visiter Mme de Villeflix, devenue veuve, et le chargeant même de faire faire, par de Troy, le portrait de cette dame[1]. Si M. de Chamilly, qui suivait la carrière des armes et fut nommé, en 1703, maréchal de France, est devenu possesseur des crayons de son beau-père, c'est à lui et à sa femme que les dut Gaignières; mais nous inclinons à croire que ce dernier les tenait de Villeflix lui-même. C'est par Mme de Chamilly que paraît s'être faite la liaison de son mari avec notre collectionneur, témoin le passage suivant d'une de ses lettres à Gaignières, datée du 26 juin 1679 :

... Je vous suplie de ne me point atribuer tous les sentimens d'estime que M. de Chamilly a pour vous. Rendez à vostre mérite un peut plus de justice, et croyez que c'est cela tout seul et non point moy qui n'ay pas trouvé lieu d'employer la bonne volonté que j'avez là-desus, vos bonne calitez ayans fait tout ce que je m'estois proposé de faire; vous asurent que vous n'avez point de servente plus aquise que E. de Villeflix,

La marquise DE CHAMILLY[2].

Ne sent-on pas, à ces façons d'écrire et de signer, que Mme de Chamilly avait, dès son enfance, connu Gaignières?

En tête de l'inventaire des portraits contenus dans le volume suivant, on lit : « Table de ce qui est dans le 133e des grands por- « tefeuilles, qui est un livre en blanc, reliez en veau, où sont « 90 portraits en pasteils, faits sous le règne de Charles IX par « *J. Cornellio*, peintre de Sa Majesté. 1533. » Cette date, il n'est pas besoin de le dire, n'a aucun rapport avec l'époque du règne

1. Bibl. nat., ms. fr. 24986, fol. 39, 41, 53, 59.
2. Id., ms. fr. 24986, fol. 69.

de Charles IX ; nous essaierons plus loin d'expliquer sa présence à la fin de ce titre.

Remarquons tout d'abord qu'il est bien rare aujourd'hui de rencontrer un album d'anciens crayons portant une mention de nom de peintre datant de près de deux siècles. Quant à J. Cornellio, — c'est probablement un nom français auquel on a donné une désinence étrangère, — on ne le rencontre pas sur la liste des peintres de Charles IX publiée par M. de Laborde[1]. Nous sommes, il est vrai, loin de connaître tous ces artistes, comme l'observe lui-même le savant écrivain, et peut-être rencontrera-t-on un jour ce nom sur quelque état de la maison de Charles IX. En tout cas, la mention est formelle et elle doit cacher un Corneille. L'artiste célèbre de ce nom qui peignit toute la cour des derniers Valois ne paraît que bien après 1533 ; d'ailleurs, il s'appelait Claude, et ici nous avons un prénom commençant par un J, comme Jean ou Jules. Or, dans les *Comptes des bâtiments du roi au XVIe siècle*, recueillis par M. de Laborde[2], on rencontre, entre 1540 et 1550, un peintre, nommé Jean Cornille, employé à Fontainebleau à raison de quatorze livres par mois, ce qui est le salaire d'un homme de talent à cette époque ; Antoine Caron et François de Valence ne sont pas payés davantage. Ne pourrait-on pas voir là notre J. Cornellio, qui serait devenu plus tard peintre du roi Charles IX ?

Quoi qu'il en soit, une chose nous a frappé en examinant cette liste : c'est que les 46 premiers numéros répondent, pour la plupart, aux 45 portraits conservés au Département des Estampes dans un recueil que M. Bouchot désigne par la lettre A et qu'il étudie longuement[3]. Ce recueil, entré à la Bibliothèque à une époque et d'une façon également inconnues à M. Bouchot, « probablement au XVIe siècle, » écrit-il, et relié, en 1822, par les soins de Joly fils, avec d'autres crayons postérieurs, a été longtemps considéré comme l'œuvre de Mme de Boisy, femme du grand maître, précepteur de François Ier. M. Bouchot combat avec raison cette opinion de Joly, presque adoptée par M. Niel. Guidé par une ancienne numérotation, il arrive à penser que cet album se composait originairement de 54 crayons, dont 45 subsistent à la

1. *La Renaissance des arts à la cour de France*, t. I, p. 417.
2. *Comptes des bâtiments du roi*, t. I, p. 192.
3. *Crayons des XVIe et XVIIe siècles*, p. 15 et suiv.

Bibliothèque et 3 au Louvre, les autres étant perdus. Il donne une liste de ces 48 portraits rangés dans l'ordre indiqué par les anciens numéros. Cet ordre n'est pas celui que présente l'inventaire du 133e portefeuille de Gaignières. M. Bouchot présume, il est vrai, que les numéros existants ne sont pas ceux qui furent mis lors de la composition de l'album; à l'appui de cette opinion, il fait remarquer que M. de Gié, qui, dans l'ordre actuel, est placé après M. de Chandio avec la qualification de *son fils,* devait, dans l'album primitif, être précédé par sa mère, Mme de Gié, et que les deux filles, aînée et cadette, se trouvaient après. Or, c'est précisément ce qui a lieu dans l'inventaire des crayons de Gaignières. Il ne paraît donc pas douteux que ces crayons viennent de lui, mais, comme nous l'avons dit, l'ordre des noms est différent dans les deux listes. Ainsi, le duc de Guise, qui occupe le premier rang sur celle de M. Bouchot, n'a que le quatrième dans l'album de Gaignières. Il y est précédé par trois portraits de la belle Agnès, qui est placée au no 23 chez M. Bouchot; M. de Bressuire, qui a le no 9 dans la liste de ce dernier, est le 33e chez Gaignières. Ces différences persistent jusqu'à la fin, ainsi qu'on peut le voir en comparant les deux listes. Les trois portraits des reines Claude et Éléonore et de la duchesse de Ferrare, qui sont au Louvre, et que M. Bouchot regarde comme ayant fait partie du recueil A, sous les numéros 4, 5 et 25, ne figurent pas dans la liste du 133e portefeuille, pas plus que Madame la régente (Louise de Savoie), portant le no 24.

Par compensation, dans ce même portefeuille, à la suite du no 46, le dernier de ceux qui sont communs à l'album de Gaignières et au recueil A, on trouve vingt-neuf personnages nominativement désignés, encore existants dans divers recueils ou séries des Estampes; plus 19 seigneurs et dames sans noms, *dont la moitié sont déchirés,* dit le rédacteur de l'inventaire.

Les costumes des personnages et les noms inscrits au bas de chaque dessin, soigneusement étudiés par M. Bouchot, l'ont amené à penser que les 48 portraits du recueil A ont été dessinés de 1530 à 1537 et que cet album fut commandé par un grand seigneur, pour lequel l'artiste aurait copié dans des recueils antérieurs les portraits des morts, et dessiné peut-être certains vivants d'après nature. Ces conclusions nous paraissent ingénieusement et sûrement motivées, en ne tenant compte que des 48 portraits énumérés par M. Bouchot. Mais le recueil possédé par Gaignières ne contenait pas seulement, à quelques-uns près, ces 48 portraits ; il en comptait 90, parmi lesquels, à partir du numéro 46, plusieurs sont de personnages postérieurs à 1537. L'un d'eux même, celui d'Olivier de Surpalis, le dernier, il est vrai, porte la date de 1587. Notons encore que l'album de Gaignières était relié. Or, comme M. Bouchot l'écrit, page 25, « tous les crayons du « recueil A ont été dessinés sur le même papier, d'où l'on peut « conclure que l'album était relié en livre au moment où l'artiste « dessinait et qu'il ne prenait point une feuille de papier au hasard. « Au bas de chaque figure, l'inscription est mise en capitales « énormes, chaque mot étant séparé du suivant par un point, « comme dans certaines inscriptions tumulaires. »

Il faudrait donc croire, ou que la supposition d'un album primitif de 54 dessins est erronée, ou que Gaignières, devenu à la fin du XVIIe siècle possesseur de cet album, l'aura défait et reconstitué, en y ajoutant des dessins d'une époque postérieure. Travaillant en province et privé des secours qu'offre la capitale, nous n'osons trancher cette question ; nous l'abandonnerons à M. Bouchot, qui, par sa position au cabinet des Estampes et par ses belles études déjà publiées, est mieux que personne à même d'en trouver la solution.

Pour M. Bouchot, les crayons du recueil A, qu'on a parfois attribués à Clouet, sont de simples copies plus ou moins bonnes, faites, comme nous l'avons dit, de 1530 à 1537, sur un livre relié. Si l'on rapproche cette opinion et cette époque de la date de 1533, placée à la fin du titre de l'inventaire du portefeuille 133, ne sera-t-on pas amené à penser que cette date de 1533, qui vient si bien se placer entre 1530 et 1537, et qui est si loin du règne de Charles IX, au nom duquel elle est jointe, se trouve là parce que J. Cornil, peintre de Charles IX, a, pour toute la première moitié du recueil, copié un album exécuté en 1533 par un artiste inconnu, et que le reste lui appartient en propre, sauf les *Surpalis*, qui sont d'une tout autre main et auront été ajoutés sur les derniers feuillets ? C'est encore une hypothèse que nous soumettons à M. Bouchot.

Le 134e portefeuille était le moins important des cinq possédés par Gaignières ; il ne comptait que huit portraits, dont deux seulement sont désignés par leurs noms dans l'inventaire : l'empereur Sigismond Ier, qui est aux Estampes sous la cote N^a^ 21, fol. 5, et un autre que je n'ai pas trouvé : Alexandre Nero, baron romain, sénateur florentin, ambassadeur extraordinaire du grand-duc de Toscane en France, 1639[1].

Le 135e était plus riche; il contenait 27 portraits de rois, reines et membres des grandes familles de France dont la plupart existent aux Estampes dans le Na 21 et dans les recueils E et I de M. Bouchot, que ce dernier a supposés avec raison provenir de chez Gaignières.

Le portefeuille 136e n'est pas dit, ainsi que les précédents, être un *livre en blanc, relié en veau*, et le catalogue en est écrit d'une autre main. Les portraits, au nombre de 19, sont indiqués comme in-folio. Ils figurent aux Estampes dans le NF 8, du fol. 1 au fol. 44, et paraissent de médiocres copies.

Table de ce qui est contenu dans le 132e des grands portefeuilles, qui est un livre en blanc reliez en veau, où sont 133 portraits en pasteils qui sont tous folios[2].

Sçavoir :

1. Frédéric d'Arragon (Frédéric II, roi de Sicile, † 1337[3]).
2. M. d'Allègre (Yves, baron de Millau, puis marquis d').
3. M. d'Alincourt (Charles de Neuville, marquis de Villeroy et d').
4. Madame d'Alincourt, 1600 (Marguerite de Mandelot, dame de Neuville, marquise d').
5. M. d'Ambleville (François de Jussac, baron d').
6. M. le duc d'Arscot (Charles de Croy, duc d'Arschot).
7. Madame d'Aubijoux (Françoise de Birague, dame d').
8. M. le jeune comte d'Aubijoux (François d'Amboise, comte d').
9. Madame la comtesse de La Chapelle, depuis Mme d'Omont (Catherine Hurault de Chiverny).
10. M. de Balagny, 1599 (Jean de Monluc, s. de).
11. Madame de Bassompierre, femme du maréchal de Saint-Luc (Henriette de Bassompierre).

1. Ces deux pastels et celui de l'empereur Maximilien, avec trois autres sans noms et des portraits gravés, avaient été échangés par Gaignières à M. de Belle-Isle, en février 1707, contre un *Mercure français* qui lui revenait à 30 livres (Bibl. nat., ms. fr. 24488, fol. 36).

2. Bibl. nat., Clairambault, 1040, fol. 265. — Ici, comme pour les portraits peints, on a essayé d'identifier les personnages lorsqu'ils étaient insuffisamment désignés, et parmi les crayons ils sont de beaucoup les plus nombreux.

3. Joly (Bibl. nat., Estampes, Ye 68) place ce dessin à l'époque de Charles V.

12. M. de Beaumont (Christophe de Harlay, s. de).

13. M. de Belestin, 1575 (Humbert, s. de Bilostein).

14. M. de Bouchavannes (Josias de Lameth, s. de).

15. M. de Bourbonne, 1583 (Erard de Livron, s. de).

16. Mademoiselle Bordin (Marguerite Bourdin, dame Hurault de Boistaillé).

17. Mademoiselle de Brienne (Diane de Luxembourg-Brienne, d'abord Mme de Ploesquelec, puis baronne de Pleurs).

18. M. de La Brisette de Montagu (Robert de Balzac-Montaigu, s. de La Brissette).

19. Madame la comtesse de Brissac, 1588 (Judith d'Acigné, comtesse de Cossé).

20. M. de Busset, 1575 (Claude de Bourbon, comte de).

21. Madame de Canis (Hélène de l'Isle, dame de Barbançon de Cany).

22. Antoine Caron, peintre, 1592.

23. M. le comte de Chaligny (Henri de Lorraine, comte de).

24. M. de Chanfreau (Isaac).

25. M. le vidame de Chartres, 1583 (François de Vendôme, prince de Chabannois).

26. M. le comte de Chiverny (Philippe Hurault).

27. M. de Cipierre (Humbert de Marcilly, s. de).

28. Autre, idem.

29. Madame de Clermont d'Entragues (Hélène Bon, d'abord Mme de Gondy de la Tour, puis marquise de).

30. M. de Contenant, 1592 (Henri de Bauves, baron de).

31. Mademoiselle de Crevant (Léonore de Crevant, comtesse de Crissé).

32. M. de Dunes, 1581, etatis 34 (Charles de Balzac d'Entragues, dit le bel Entraguet).

33. Autre, idem, 1576 (idem).

34. M. des Dusseos, 1593 (François Blanchard, s. Descluseaux ?).

35. Mademoiselle d'Entragues (Marie Touchet de Belleville, dame de Balzac d'Entragues).

36. Madame de Tinteville, 1598 (Léonore de Saulx-d'Aurain, dame de Dinteville).

37. Mademoiselle du Fay, fille de M. de Pibrac (Olympe du Faur de Pibrac, dame Hurault de L'Hôpital).

38. M. de La Ferté (Henri de Senneterre, marquis de La Ferté).

39. M. de La Force (Jacques-Nompar de Caumont, duc de La Force).

40. Mademoiselle de Forges (Jeanne de Monestay de Forges).

41. Madame de Fosseuse (Françoise de Montmorency, baronne de Fosseux, depuis dame de Broc de Saint-Mars).

42. M. de Fourcy, 1593 (Jean de Fourcy, s. de Pommeuse et de Chessy).

43. M. de Framblecort, *sic, pour :* Tremblecort (Louis de Beauveau, s. de Tremblecourt).

44. Mademoiselle de Garou.

45. François, duc de Guise (François de Lorraine, duc de Guise).

46. M. des Jardins le jeune.

47. Madame de Larchant, femme d'un capitaine des gardes du corps de ce nom, sous le roy Henry III, 1578 (Diane de Vivonne).

48. M. le comte de Lenos (Edmond Stuart, comte de Lennox).

49. M. de Letele (Arnauld de Beauville de l'Estelle).

50. Madame de Lignerac (Catherine de Hautefort, dame Robert de Lignerac).

51. Autre, idem.

52. Madame l'abbesse de Lys (Marie de Beauvillier, dame de Saint-Aignan).

53. Autre, idem.

54. M. de Malvirade.

55. M. de Malloc, 1587 (François, baron de Mailloc).

56. Madame de Mandelot (Eléonore Robertet, dame de Mandelot, vicomtesse de Chalon).

57. Madame de Marigny (Claude de Proisy La Bove, dame de Châtillon).

58. M. de Mogeron (Louis de Maugiron).

59. M. de Maugiron (Timoléon de Maugiron?).

60. Madame de Mogeron (Jeanne de Maugiron-Varacieux).

61. M. le baron de Millon.

62. Autre, idem, 1581.

63. Mademoiselle de Montaigu (Anne de Balzac de Montaigu, depuis Mme de L'Isle, et plus tard Mme Séguier de Saint-Brisson).

64. Mademoiselle de Monsoreau (Cyprienne de Chambes, demoiselle de Montsoreau).

65. Madame de Montgommery, 1582 (Perennelle de Champagne, dame de Montgommery).

66. Madame de Montgommery (Aldonce de Bernuy, d'abord dame de Clermont-Lodève, puis dame de Montgommery).

67. M. de Monchy, 1595 (Jean de Monchy).

68. Mademoiselle de Monchy (Antoinette de Monchy-Senarpont, dame : 1° de Boursonne; 2° de Vaux; 3° de Gaillard de Raucourt).

69. Madame de Nan (Mme de Nay?).

70. Madame de Nantouillet (Anne de Barbançon, dame de Nantouillet).

71. M. le marquis de Nesle (René aux Épaules, dit de Laval, marquis de Neelle).

72. M. de La Noue, 1592 (Odet de La Noue, s. de Téligny).

73. Madame d'O. (Catherine-Charlotte de Villequier, d'abord Mme d'O., puis Mme d'Aumont, baronne de Chappes).

74. M. d'Orcson (François, vicomte de Cadenet, marquis d'Oraison).

75. Mademoiselle de Palcseau, depuis Mme du Riel, 1578 (Louise de Harville de Palaiseau, dame Hurault d'Huriel).

76. M. de La Pardieu (Albert Rousselet, s. de Lapardieu).

77. Madame Pellicart.

78. M. du Peche du Gas, 1588 (Mercure de Saint-Chamand, baron du Pesche?).

79. M. de Pigalian, 1573 (Roger de Comminges, s. de Puigilhem?).

80. M. de Pouilly (Daniel Go, s. de Pouilly?).

81. M. de Quelus (Jacques de Levis, comte de Quelus).

82. M. le marquis de Renel, 1595 (Damien de Montluc-Balagny, marquis de Reynel).

83. M. de Ragny (Léonor de La Madeleine, marquis de Ragny).

84. Madame de Rez (*sic*) (Claude-Catherine de Clermont, d'abord Mme d'Annebaut, puis duchesse de Retz).

85. M. de Retz, 1596 (Henry de Gondi, plus tard cardinal de Retz).

86. Madame de Ribonval (Louise de Balzac de Montaigu, dame de Créquy de Raimboval).

87. Madame du Ronçay.

88. Madame de Rosne, 1573 (Antoinette d'Anglure-Estauges, dame de Savigny, dame de Rône).

89. Madame du Rouet (Claude de Gontaut-Biron, dame de La Rochefoucauld de Roye).

90. M. de Saint-Germain (Gabriel de Polignac, s. de Saint-Germain).

91. M. de Saint-Germain-Beaupré, 1594 (Gabriel Foucault II, s. de Saint-Germain-Beaupré).

92. M. de Saint-Ginier (Élie de Gontaut, s. de Saint-Geniès).

93. M. de Saint-Mégrin (Paul-Estuert de Caussade, baron de Saint-Mégrin).

94. Madame du Saudray.

95. Le capitaine du Sol.

96. M. le marquis de Sourdéac le jeune, 1600 (Guy de Rieux, marquis de Sourdéac).

97. Mademoiselle de Tavannes, 1587 (Claude de Saulx-Tavannes, d'abord marquise de La Chambre, puis marquise d'Espoisses).

98. M. le baron de Tese, 1588 (René de Froulay, baron, puis comte de Tessé).

99. Mademoiselle Tessier (Françoise).

100. M. le prince de Tingry (Henry de Luxembourg, duc de Piney, prince de Tingry).

101. Madame de Tonnerre, 1597 (Catherine-Marie d'Escoubleau de Sourdis, comtesse de Clermont et Tonnerre).

102. Madame la marquise de Treinel (Marguerite d'Orgemont, dame Juvénal des Ursins, marquise de Trainel).

103. M. de La Trémoille (Louis III, s. de La Trémoille).

104. Susane Olivier de Leuville, femme de Sébastien le Hardy de La Trousse, grand prévost de France.

105. M. de Vaillac (Louis-Ricard de Gourdon de Genouillac, comte de Vaillac).

106. M. le duc de La Valette (Bernard de Nogaret de La Valette, duc de La Valette et d'Épernon).

107. M. de Vassé, 1593 (Lancelot Grognet, baron de La Roche-Mabile et s. de Vassé).

108. M. de La Vauguion (Jean d'Escars, comte de La Vauguyon).

109. Gabrielle d'Estrées, marquise de Verneuil (*sic*) (Gabrielle d'Estrées, duchesse de Beaufort).

110. Mademoiselle de La Bretesche, dame de Villetier, 1589 (Louise de Savonnières, demoiselle de La Bretesche, depuis Mme de Villequier, et postérieurement Mme du Bellay, marquise de Thouarcé, princesse d'Ivetot).

111. Madame d'Uzez, 1594 (Françoise de Clermont-Tallard, dame de Crussol, duchesse d'Uzès).

Et onze portraits de seigneurs sans noms, et douze dames aussy sans noms.

En tout 133[1].

1. Il y a réellement sur la liste 134 crayons : 111 avec noms et 23 sans noms.

Table de ce qui est dans le 133e des grands portefeuilles, qui est un livre en blanc, reliez en veau, où sont 90 portraits en pasteils, faits sous le règne de Charles 9me par J. Cornellio, peintre de Sa Majesté, 1533[1].

1. La belle Agnès, maîtresse du Roy Charles 7me, miniature.
2. Autre, idem, pasteils.
3. Autre, idem.
4. Claude de Lorraine, duc de Guise.
5. Autre, idem.
6. Madame de La Rochefoucault (Anne de Polignac, d'abord dame de Bueil, puis dame de).
7. M. le duc d'Albanie (Jean Stuart, duc d'Albany).
8. Arthus de Gouffier, s. de Boissy, grand maistre de France.
9. M. Dasier, grand maistre (Jacques de Genouillac, dit Galiot, s. d'Acier).
10. Guillaume Gouffier, s. de Bonnivet, amiral de France.
11. M. le maréchal de La Palice (Jacques II de Chabannes).
12. Robert de La Mark, s. de Floranges, maréchal de France.
13. M. de Lautrec (Odet de Foix, s. de Lautrec).
14. M. Desparot (André de Foix, s. de Lesparre).
15. M. de Lescut (Thomas de Foix, s. de Lescun).
16. Jeanne de Saint-Séverin, deuxième femme de Charles de Rohan, s. de Gié, fils du maréchal.
17. François de Rohan, s. de Gié, fils de Charles.
18. Claude de Rohan, fille aisnée de Charles de Rohan, s. de Gié; espousa en premières noces Claude de Beauvillier, comte de Saint-Aignan, en secondes Julien de Clermont.
19. Jaqueline de Rohan, seconde fille de Charles de Rohan, s. de Gié; espousa François de Rohan, marquis de Rothelin.
20. Diane de Poitiers, séneschale (Diane de Saint-Valier-Poitiers, duchesse de Valentinois).
21. Madame de Chasteaubriant (Françoise de Foix).
22. Madame de Canaples (Judith d'Acigné, dame de Créquy et Canaples).
23. Mademoiselle de Loué (Hardouine de Laval-Loué, dame de Fonsèque, baronne de Surgères.

1. Bibl. nat., Clairambault, 1040, fol. 269.

24. Done Maricque (Anna Manricque, demoiselle d'honneur de la reine Éléonore d'Autriche).

25. M. de Thais (Jean de Taix).

26. M. le comte de Sancerre (Jean VI de Bueil, comte de Sancerre).

27. Béatrix Pacheco, comtesse d'Entremont.

28. Le baron de Bueil (Louis de Bueil, d'abord baron de Bueil, puis, 1537, comte de Sancerre).

29. M. de Barberieu (Antoine de La Rochefoucauld, s. de Barbezieux).

30. M. le capitaine Tavannes (Jean de Tavannes).

31. M. de La Ferté (Claude de Beauviller, s. de).

32. M. le prévost de Paris (Jean de La Barre, comte d'Étampes).

33. M. de Bressuire (René de Laval, s. de Bressuire, vicomte de Brosse).

34. M. de Moussy (Eustache de Moussy, s. de Boismorand).

35. M. l'escuyer de Mesdames (Gaspard de Castellane, comte de Grignan, ou Claude d'Urfé ?).

36. M. l'escuyer de Messeigneurs (Pierre de Marconnay, s. de Frozay ?).

37. M. le baron de Marmande (Louis de Bueil, s. de Marmande).

38. M. de Chandio (Antoine de Chandio, s. de Bussy).

39. Madame de Chandio (Jeanne de Gellan-Teniers, dame de Chandio et de Bussy).

40. Madame la baillive de Cam (*sic*, *pour :* Caen) (Aimée Mottier de La Fayette, dame de Silly).

41. Madame du Vigent (Louise de Polignac, dame du Fou).

42. Mademoiselle de Landac (Catherine de Rohan, demoiselle de Landal).

43. Madame de Casaulde (Jeanne de Casault, dame Baraton de La Roche, baronne d'Ambrieres).

44. Mademoiselle de Langueyonnet (N., demoiselle de Langueovez ?).

45. Mademoiselle Bry (Charlotte du Moulin, dite Bry, plus tard dame de Lauzun).

46. Madame de Beauvievoie (Marguerite de Caillon-Bellejoie, dame de La Guerche).

47. La reine d'Ongrie (Marie d'Autriche, reine de Hongrie).

48. Madame de Crussol (Jeanne de Genouillac d'Acier, dame de Crussol, plus tard comtesse Rhingrave).

49. M. de La Roche-sur-Yon (Charles de Bourbon, prince de La Roche-sur-Yon).

50. M. le prince d'Orange (Philibert de Chalon, prince d'Orange).

51. M. le duc d'Estampes (Jean de Brosse IV, dit de Bretagne, duc d'Étampes).

52. M. le duc de Bouillon (Robert IV de La Marche, duc de Bouillon).

53. M. le prince de Clera (N. d'Allerac?).

54. M. de Tonnerre (Louis II de Husson, comte de Tonnerre).

55. M. de Bressuire (René de Laval, s. de Bressuire, vicomte de Brosse).

56. Madame de Giveri (Jeanne, bâtarde d'Angoulême, dame de Longwy-Givry).

57. Madame de Montigem (Philippe de Montespedon, dame de Montejean).

58. M. le comte Ringrave (Jean-Philippe, comte Rhingrave).

59. M. le prince de Melfe (Jean Caraccioli).

60. M. de La Chasteigneraye (François de Vivonne, s. de La Châteigneraie).

61. M. le maréchal de Monluc (Blaise de Monluc).

62. Marie la Catholique, reine d'Angleterre.

63. M. le cardinal de Lénoncourt (Robert, cardinal de Lénoncourt).

64. M. le cardinal de Guise (Louis I de Lorraine, cardinal).

65. M. le cardinal de Farnèse (Ranuccio, cardinal).

66. La reine Catherine de Médicis.

67. Mademoiselle de La Porte, de la famille de Besze (Lucrèce de Coste, demoiselle de Beine?).

68. M. de Fleurigny (Louis Le Clerc, s. de Fleurigny).

69. Mademoiselle de Surpalis-Hodeau (Hodoard?).

70. Mademoiselle de Surpalis, de la famille de Lamoignon.

71. M. de Surpalis, Olivier, 1587. (Plus 19 sans noms.)

Portraits du recueil A de M. Bouchot, d'après une ancienne numérotation[1].

1. Monseigneur de Guise.
2. »
3. La royne de Navarre.
4. [La royne Claude] (Louvre).

1. *Les Portraits aux crayons des XVIe et XVIIe siècles*, p. 16 et 17.

5. [La duchesse de Ferrare] (Louvre).
6. »
7. »
8. »
9. Monseigneur de Bressuire.
10. Monseigneur de Florenge.
11. Le duc Dalbanye.
12. »
13. Monseigneur Lamirael.
14. Monseigneur de Barberyeu.
15. Monseigneur de Chandio.
16. Monseigneur de Gié son fils.
17. Monseigneur de Lescut.
18. Monseigneur le Grant Maistre de Boysy.
19. Monseigneur de Lapalice.
20. Monseigneur de Sparot.
21. Monseigneur de Vaudemont.
22. Monseigneur de Moussy.
23. Monseigneur de Lautrect.
24. Madame la Régente.
25. [La royne Helyonneur] (Louvre).
26. Le baron de Mermande.
27. [Done Beatry].
28. »
29. Escuyer de Mesdames.
30. Madame de Vigent.
31. Monseigneur de Laferté.
32. Monseigneur de Thais.
33. Madamoiselle de Landac.
34. Madame de Chandio.
35. La Baillyve de Cam.
36. Escuyer de Messeigneurs.
37. Le Prevost de Paris.
38. Madame de La Rochefoucou.
39. Le cappitaine Tavanes.
40. La Grant Séneschalle.
41. Done Manricque.
42. Beauvieoie.
43. La Belle Agnès.
44. Madamoiselle de Loué.
45. Madamoiselle de Langeyowet.

46. [Madame de Gié.]
47. Le comte de Censserre.
48. Madamoiselle Bry.
49. Le baron de Bueil.
50. La fille aisnée de Gié.
51. La fille pesnée de Gié.
52. Casaulde.
53. Madame de Chasteaubriant.
54. Madame de Canaples.

Table de ce qui est dans le 134e des grands portefeuilles, qui est un livre en blanc, reliez en veau, où il y a huit portraits pastels, sçavoir[1] *:*

Sigismond I, empereur.

Alexandre Néro, baron romain, sénateur florentin, ambassadeur extraordinaire du grand-duc de Toscane en France, 1639.

Et six autres, dont cinq seigneurs et une dame sans noms.

Table de ce qui est dans le 135e des grands portefeuilles, qui est un livre en blanc, reliez en veau, où il y a 27 portraits en pastels des rois, reines et familles de France, qui sont, sçavoir[2] *:*

1. René d'Anjou, roy de Provence.
2. Philippe II, roy d'Espagne.
3. La reine, mère de François Ier (Louise de Savoie, duchesse d'Angoulême).
4. François, dauphin (François de Valois-Angoulême, fils de François Ier).
5. Henry, duc d'Orléans, depuis roy Henry II.
6. Charles IX, roy de France.
7. Le roy Henry III.
8. Louise de Lorraine, reine de France.
9. Le duc d'Alençon (François de Valois, duc d'Alençon).
10. Jeanne d'Albret, reine de Navarre.
11. Le cardinal de Bourbon (Charles II de Bourbon ?).
12. Éléonor de Roye, princesse de Condé.
13. M. le prince de Condé.
14. Madame la princesse de Condé.

1. Bibl. nat., Clairambault, 1040, fol. 271. — Ce volume avait été acquis par Gaignières.
2. Bibl. nat., Clairambault, 1040, fol. 272.

15. M. le prince de Condé.
16. M. le comte de Soissons (Charles de Bourbon).
17. Autre, idem.
18. César, duc de Vendôme.
19. Mademoiselle d'Estouteville (Marguerite d'Orléans).
20. Catherine d'Orléans, demoiselle de Longueville.
21. Madame la comtesse de Saint-Paul (Anne de Caumont La Force, femme, en secondes noces, de François d'Orléans, comte de Saint-Paul).

Et sept autres portraits sans nom.

En tout 27. (Il y en a 28.)

Portefeuille 136e, cotté Pastelle (sic), *folio*[1].

Jean de Sarisburc (*sic*, *pour :* Salisbury), de la province de Wilcheris en Angleterre, évesque de Chartres[2].

Alexandre des Alles, Anglois de nation, théologien et philosophe, précepteur de saint Thomas d'Aquin et de saint Bonaventure (Alexandre de Hallès, Halle ou Alès, Franciscain, archidiacre de Glocestershire, docteur à Paris, où il meurt en 1245).

Gilles de Rome, de l'ordre des Augustins, archevesque de Bourges.

Michel Angrian, Bolonois, Italien, de l'ordre des Carmes (Michel Angriani, général des Carmes, 1381-1386, professeur de théologie à Paris).

Guido Lerpinien (*sic*), carme, du pais catalan (Guido de Terrena ou de Perpiniano, général des Carmes, 1318).

Thomas d'Hybernie, gentilhomme hybernien, historien (Thomas de Palmerstown, en Irlande, docteur en Sorbonne, mort à Aquila en 1269).

Froissard, historien.

Paul Jove, évesque de Noere, historien et orateur.

François du Harin, jurisconsulte, natif de Bretaigne, païs de France.

Charles du Moulin, jurisconsulte et historien.

Jean Hus, bruslé au concile de Constance, auquel assistèrent plusieurs prélats de l'Église.

Jean OEcolampade, Alleman.

Sept autres portraits en pastelle qui n'ont point de noms.

Par un de ces bonheurs qui n'arrivent qu'aux gens qui les méritent, notre savant confrère M. A. Thomas vient de trouver

1. Bibl. nat., Clairambault, 1040, fol. 273.
2. Ce nom a été barré dans le recueil NF 8, et on a écrit en marge : « J. Clopinel, auteur du Roman de la Rose. »

dans un livre, où l'on ne se serait certes pas avisé d'aller le chercher, un document intéressant sur la jeunesse de Gaignières. La *Revue des Bibliothèques* (janvier 1892) le publie au moment où nous corrigeons nos dernières épreuves.

Dans son *Trésor des recherches et antiquitez gauloises et françoises*[1], à propos du mot *Gangneres*, signifiant artisan ou ouvrier, P. Borel écrit, page 217 : « Ce mot m'a esté communi-
« qué par Monsieur François-Roger de Gaignières, duquel la
« grande vivacité d'esprit et curiosité pour toutes les belles con-
« noissances peut estre mise entre les choses admirables de nostre
« siècle, puisqu'avant l'âge de onze ans il a fait des choses que
« d'autres ne sont pas capables de faire à vingt, quoiqu'on le
« pousse avec moins de soin, à cause de la foiblesse de sa santé.
« De sorte que j'estime qu'on doit un jour attendre beaucoup de
« cette jeune plante... »

Ce témoignage de la précocité de Gaignières vient à l'appui de celui de Marolles et prouve que le bon abbé ne s'était pas trop laissé séduire par les éloges du jeune Roger.

Borel parle aussi du père de notre collectionneur : « Digne fils,
« dit-il, de Monsieur Aimé de Gaignières, intendant de Madame
« la duchesse de Lorraine, personnage accompli en toutes belles
« connoissances, et de qui la bonté et sincérité ne peuvent trou-
« ver de semblables, comme tous ceux qui le fréquentent, de qui
« il gagne entièrement les cœurs, en peuvent rendre témoignage,
« soit pour les bons offices qu'ils en reçoivent, soit pour le profit
« qu'ils font en sa douce et scavante conversation, ou enfin par
« la communication de sa bibliothèque, qui est composée de livres
« si exactement et si judicieusement choisis qu'on la peut préfé-
« rer avec raison à beaucoup d'autres, quoy qu'elles soient plus
« numéreuses. »

Ce passage confirme ce que nous avions supposé de la culture intellectuelle d'Aimé de Gaignières et de la part qu'il avait dû prendre à l'éducation de son fils. Il nous apprend en outre qu'Aimé était, en 1655, intendant de Mme la duchesse de Lorraine et possesseur d'une bonne bibliothèque, qui fit sans doute le premier fonds de celle de Roger.

1. Paris, 1655, in-4°.

Nogent-le-Rotrou, imprimerie Daupeley-Gouverneur.

www.ingramcontent.com/pod-product-compliance
Ingram Content Group UK Ltd.
Pitfield, Milton Keynes, MK11 3LW, UK
UKHW012037240726
13965UKWH00003B/861

9 782013 055413